AF274146

••• Títulos relacionados

INSERCIÓN LABORAL DE PERSONAS CON DISCAPACIDAD SSCG0109

[DISPONIBLE CERTIFICADO COMPLETO]

Solicítalos en
- Librería
- www.paraninfo.es
- Solicitudes nacionales +34 914 463 350
- Solicitudes fuera de España +34 913 308 907
  +34 913 308 919

Habilidades de comunicación y promoción de conductas adaptadas de la persona con discapacidad

Cristina de Alba Galván

Paraninfo

© 2025 Ediciones Paraninfo, S. A.
© 2025 Cristina de Alba Galván

Edición y maquetación: Ediciones Nobel, S. A.

Impresión: Liberdigital (Casarrubuelos, Madrid)
ISBN: 978-84-283-7076-9
Depósito legal: M-9677-2025

Impreso en España

Cualquier forma de reproducción, distribución, comunicación pública o transformación de esta obra solo puede ser realizada con la autorización de sus titulares, salvo excepción prevista por la ley. Diríjase a CEDRO (Centro Español de Derechos Reprográficos, www.cedro.org <http://www.cedro.org>) si necesita fotocopiar o escanear algún fragmento de esta obra.

Autora

Cristina de Alba Galván es licenciada en Psicología por la Universidad de Sevilla, con formación de posgrado en Dirección y Gestión de Recursos Humanos.

Su trayectoria profesional se ha centrado en la gestión de personas, realizando tareas de análisis de perfiles profesionales, selección, formación y desarrollo del talento humano. Ha colaborado con equipos multidisciplinares, participando en labores de intermediación laboral y coordinado estudios y proyectos de investigación y evaluación, tanto en el sector público como privado.

Es colaboradora en medios digitales, donde ha publicado artículos sobre desarrollo personal y profesional, así como sobre temas relacionados con empleo y formación.

Índice

Introducción normativa

La Ley Orgánica 3/2022, de 31 de marzo, de ordenación e integración de la Formación Profesional, contiene una disposición derogatoria única que afecta a la regulación de los certificados de profesionalidad, ahora denominados **Certificados Profesionales.** La referida normativa deroga la Ley Orgánica 5/2002, de 19 de junio, de las Cualificaciones y de la Formación Profesional, y abre un escenario de cambios que se irán implementando progresivamente.

La Ley Orgánica 3/2022, de 31 de marzo, de ordenación e integración de la Formación Profesional implica que toda la formación es acumulable. La oferta formativa se estructura de forma escalonada, siendo los Certificados Profesionales un nivel intermedio (Grado C) de una escala que va desde el Grado A hasta el E.

En los artículos 35 a 38 de la Ley 3/2022 se describe en qué consisten estos Certificados Profesionales: su oferta, formación asociada, estructura, duración, acceso, titulación y validez. Posteriormente, esta normativa se completa con lo dispuesto en el Real Decreto 659/2023, de 18 de julio, que desarrolla la ordenación del sistema de Formación Profesional. Concretamente en los artículos 67 a 81 es donde se hace referencia a la oferta formativa de Grado C, correspondiente a los Certificados Profesionales.

Están agrupados en 26 familias profesionales con características comunes del sector. En la actualidad hay más de medio millar de Certificados Profesionales incluidos en el Repertorio Nacional. Esta cifra no deja de crecer. Además, cada certificado está específicamente regulado por un real decreto.

Un Certificado Profesional corresponde al Grado C de la oferta del Sistema de Formación Profesional. Es un documento oficial, con validez en todo el territorio nacional y debe constar en el Catálogo Nacional de Ofertas de Formación Profesional, que certifica la capacitación para el desarrollo de una actividad profesional.

Debe detallar los módulos profesionales superados y los estándares de competencia profesional asociados a él e incluidos en el **Catálogo Nacional de Estándares de Competencias Profesionales**, así como su correspondencia con el Marco Español de Cualificaciones.

Despliegan su validez en un doble ámbito, laboral y académico:

- En el contexto laboral tienen validez profesional, porque acreditan las competencias en una determinada profesión. Para poder trabajar en algunas profesiones, se exigen determinadas cualificaciones, y los certificados sirven para acreditarlas.

- Asimismo, tienen validez académica, puesto que permiten continuar un itinerario formativo siempre que se cumplan los requisitos de acceso para cursar la titulación deseada. De tal modo que, los Certificados Profesionales que sean parte de un Grado D permitirán la matrícula modular para completar los módulos establecidos en el currículo y obtener el correspondiente título de técnico básico, técnico o técnico superior con validez en todo el territorio nacional.

Para obtener un Certificado Profesional (Grado C) es preciso cumplir con los requisitos de acceso para realizar la formación.

Estructura de los Certificados Profesionales

I. Identificación: denominación, familia y área profesional a la que pertenecen; nivel de cualificación profesional (1, 2 o 3); cualificación profesional de referencia; entorno profesional y módulos formativos que esté previsto cursar junto con la duración de cada uno de ellos.

II. Perfil profesional: incluye las competencias profesionales requeridas en el mercado laboral. En todas ellas se concretan las realizaciones profesionales y los criterios de realización.

III. Formación: describe los módulos formativos que esté previsto cursar para adquirir las competencias requeridas. En cada uno de ellos se indican las capacidades que se pretende alcanzar y la duración del módulo de prácticas no laborales —PNL—, para el que cabe solicitar exención si se cumplen determinados requisitos.

IV. Prescripciones de las personas formadoras.

V. Requisitos mínimos de espacios, instalaciones y equipamiento.

Los Certificados Profesionales se identifican con una denominación concreta y un código alfanumérico propio, y sirven para acreditar una determinada cualificación profesional. Cada certificado está asociado a una relación de unidades de competencia que, a su vez, se vinculan con una serie de módulos formativos específicos. Algunos módulos están integrados por unidades formativas y tanto unos como otras son, en ocasiones, transversales, lo que significa que se trata de contenidos incluidos en más de un Certificado Profesional.

Los Certificados Profesionales se articulan en tres niveles de competencia profesional (1, 2 y 3) conforme a lo dispuesto en el que será el Catálogo Nacional de Estándares de Competencias Profesionales, anteriormente Catálogo Nacional de Cualificaciones Profesionales (CNCP), según los criterios establecidos de conocimientos, iniciativa, autonomía y complejidad de las tareas, en cada una de las ofertas de Formación Profesional.

La oferta formativa dirigida a la obtención de los Certificados Profesionales tiene carácter modular para favorecer la acreditación parcial acumulable de la formación recibida y posibilitar así el avance en el itinerario de Formación Profesional para cualquiera que sea la situación laboral de cada persona en cada momento.

En definitiva, el Grado C constituye la oferta, parcial y acumulable, del sistema de Formación Profesional, de varios módulos profesionales del catálogo modular de Formación Profesional por razón de su significado en el mercado laboral y conducente a la obtención de un Certificado Profesional.

Las ofertas de Grado C de Formación Profesional tendrán por objeto módulos profesionales incluidos previamente en el catálogo modular de formación profesional y asociados al Catálogo Nacional de Estándares de Competencias Profesionales.

Finalidad de los Certificados Profesionales

- Contribuir a la ordenación de un Sistema de Formación Profesional al servicio de un régimen de formación y acompañamiento profesionales que sea capaz de responder con flexibilidad a los intereses, expectativas y aspiraciones de cualificación profesional de las personas a lo largo de su vida.

- Combinar escuela y empresa situando a la persona en el centro del sistema.

- Facilitar el aprendizaje permanente de toda la ciudadanía mediante una formación abierta, flexible y accesible, estructurada de forma modular, a través de la oferta formativa asociada al certificado.

- Acreditar las cualificaciones profesionales o las unidades de competencia recogidas en estas, independientemente de su vía de adquisición, bien sea través de la vía formativa, o mediante la experiencia laboral o vías no formales de formación.

- Favorecer, tanto a nivel nacional como europeo, la transparencia del mercado de trabajo.

- Contribuir a la calidad de la oferta de Formación Profesional.

Este libro

El presente libro desarrolla la Unidad Formativa denominada *Habilidades de comunicación y promoción de conductas adaptadas de la persona con discapacidad,* UF0800.

Dicha unidad formativa está asociada a la Unidad de Competencia UC1035_3, forma parte del Módulo Formativo MF1035_3 *Entrenamiento en habilidades sociolaborales de personas con discapacidad,* perteneciente a la Cualificación Profesional de referencia: SSC323_3, de nivel 3, incluida en el Certificado Profesional denominado *Inserción laboral de personas con discapacidad,* dentro de la familia profesional Servicios Socioculturales y a la Comunidad.

Según el Real Decreto 721/2011, de 20 de mayo, los contenidos que en esta obra se recogen se corresponden con una duración de 40 horas.

Tanto la estructura como el desarrollo del libro se ajustan a los citados reales decretos y más concretamente a los contenidos de la Unidad Formativa que le da título *Habilidades de comunicación y promoción de conductas adaptadas de la persona con discapacidad,* UF0800.

Contenidos

1. **Sistemas aumentativos y alternativos de comunicación (SAAC)**
    - Lenguaje y comunicación. Conceptos básicos.
    - Necesidades comunicativas de las personas con discapacidad.
    - Características diferenciales de los distintos colectivos.
        - Discapacidades físicas.
        - Discapacidades sensoriales.
        - Otras discapacidades: enfermedad mental, trastornos del espectro del autismo, discapacidad intelectual.
    - Tipos de sistemas aumentativos y alternativos de comunicación.
        - SAAC sin ayuda externa: lengua de signos, lectura labiofacial, dactilología, palabra complementada, comunicación bimodal, otros.
        - SAAC con ayuda externa: sistemas e imágenes, sistemas pictográficos (SPC), sistema Bliss, otros.
    - Factores facilitadores de la comunicación: personales y contextuales.

2. **Conductas desafiantes de la persona con discapacidad en entornos laborales**

   – Conductas desafiantes: concepto, fases de desarrollo y consecuencias.

   – El apoyo conductual positivo:

   • Definición, características y principios.

   • Proceso de instauración.

   • Estrategias de intervención.

   • Seguimiento del proceso.

   – Prevención y protocolos de actuación en situaciones de crisis. Guías de buenas prácticas de actuación.

   – Deontología profesional.

Nota del editor

En Ediciones Paraninfo estamos comprometidos con la calidad de la formación e intentamos que nuestros materiales, respondan fielmente y con rigor a las necesidades de todos cuantos confían en nuestro sello editorial.

Tratamos de dar respuesta a los currículos de las unidades formativas y de los módulos que integran los distintos Certificados Profesionales, equilibrando la parte teórica con la práctica para que los procesos de aprendizaje se conviertan en experiencias gratificantes tanto para docentes como para las personas inmersas en los procesos formativos.

Contribuir de forma decisiva a afianzar aprendizajes, ayudar a adquirir destrezas que tengan significado para el empleo y conseguir potenciar el desarrollo personal es nuestra mayor satisfacción como editores.

Para lograrlo contamos con excelentes autores, expertos en las materias que abordan, en la mayoría de los casos docentes de dichas especialidades con dilatada experiencia profesional y académica, porque buscamos perfiles familiarizados con los contextos laborales concretos a los que se refieren nuestros manuales.

Confiamos en poder serte de ayuda y esperamos tus impresiones acerca de nuestro trabajo. Sean positivas o negativas, serán muy bien recibidas y, sin duda, nos ayudarán a seguir mejorando y trabajando con ilusión para continuar siendo un referente en formación para el empleo.

Agradecemos tu confianza en nuestros manuales. Todo nuestro equipo queda a tu total disposición. Puedes contactar con nosotros en esta dirección de correo electrónico: info@paraninfo.es.

1. Sistemas aumentativos y alternativos de comunicación (SAAC)

Contenido

Las personas con discapacidad pueden presentar déficits en la comunicación (alteración o imposibilidad del habla, dificultades de comprensión, déficits comunicativos...). Para superar estas dificultades en el lenguaje oral, existen una serie de ayudas técnicas y estrategias de intervención que tienen como finalidad aumentar o complementar el habla (sistemas aumentativos) y, en los casos en los que no es posible la expresión verbal, sustituir el habla (sistemas alternativos).

Los SAAC (sistemas aumentativos y alternativos de comunicación) están formados por un conjunto de ayudas técnicas, signos y símbolos que permiten comunicarse a las personas que presentan dificultades para hablar y/o escribir.

Puig de la Bellacasa (1985) definió los SAAC como «todo sistema de comunicación que no utilice palabras articuladas pero que tenga suficiente nivel de estructuración convencionalizada para transmitir información. Es, pues, una comunicación lingüística sin que el emisor articule sonidos del habla».

Otra definición de los sistemas alternativos de comunicación es la aportada por Javier Tamarit (1988): «son instrumentos de intervención destinados a personas con alteraciones diversas de la comunicación y/o lenguaje, y cuyo objetivo es la enseñanza mediante procedimientos específicos de instrucción de un conjunto estructurado de códigos no vocales necesitados o no de soporte físico, los cuales, mediante esos mismos u otros procedimientos específicos de instrucción, permiten funciones de representación y sirven para llevar a cabo actos de comunicación (funcional, espontánea y generalizable), por sí solos, o en conjunción con códigos vocales, o como apoyo parcial a los mismos, o en conjunción con otros códigos no vocales».

1.1. Lenguaje y comunicación. Conceptos básicos

La comunicación y el lenguaje constituyen unos fenómenos de enorme complejidad. La capacidad de comunicación no es exclusiva de los seres humanos (existe comunicación entre los animales mediante signos sonoros, visuales, olfativos y táctiles, entre otros). Sin embargo, el lenguaje sí constituye un aspecto característico y específico del ser humano.

Lenguaje

El concepto de lenguaje no tiene una definición precisa y unívoca. Aun así, puede establecerse que el lenguaje es un sistema de comunicación basado en el uso de símbolos vocales que permiten transmitir pensamientos y emociones.

Luria (1977) definió el lenguaje como un «sistema de códigos con cuya ayuda se designan los objetos del mundo exterior, sus acciones, cualidades y relaciones entre los mismos». Otra definición es la aportada por Miguel Puyuelo (1998), quien afirmó que el lenguaje es una «conducta comunicativa específicamente humana, que cumple importantes funciones a nivel cognitivo y social; que permite al hombre manifestar sus intenciones, estabilizarlas y convertirlas en reguladoras de las acciones, permitiendo al sujeto alcanzar un nivel de autorregulación cognitiva y comportamental al que sería imposible acceder sin este lenguaje».

Según Charles F. Hockett, los rasgos del lenguaje humano son:

- Desplazamiento: el lenguaje permite hablar sobre elementos que no están presentes y sobre sucesos que no ocurren en el momento. Posibilita transmitir información del pasado, presente y futuro.

- Arbitrariedad: los signos son arbitrarios (no es necesario que exista una relación entre el signo y el significado).

- Productividad: el lenguaje permite, mediante un conjunto limitado de signos, crear un conjunto ilimitado de elementos.

- Transmisión cultural: el lenguaje se transmite culturalmente por tradición de generación en generación.

- Elementos discretos: hace referencia al carácter discreto del lenguaje (existen unidades discretas claramente diferenciables unas de otras).

- Dualidad: existen dos niveles de realización: el que permite emitir los sonidos y el que pronuncia esos sonidos como una o varias palabras con significado.

- Canal vocal-auditivo: la recepción se realiza a través del canal auditivo, mientras que la emisión se realiza gracias al canal oral.

- Intercambiabilidad: los interlocutores pueden intercambiar sus papeles, pasando de emisor a receptor y viceversa.

- Especialización: la función de las señales lingüísticas es la comunicación.

- Transmisión irradiada y recepción direccional: la señal circula en todas las direcciones posibles (no se puede dirigir) y quien recibe el mensaje es capaz de determinar de dónde procede.

- Transitoriedad: las señales desaparecen en el mismo momento de su emisión.

- Retroalimentación: el emisor recibe *feedback* acerca de su mensaje.
- Semanticidad: los signos tienen significado porque se asocian de forma estable a un referente.
- Capacidad de aprendizaje: todas las lenguas son susceptibles de ser aprendidas.
- Prevaricación: hace referencia a la posibilidad de transmitir información falsa siendo conscientes de la falsedad del mensaje.

Las funciones del lenguaje son:

- Función referencial: el lenguaje permite la transmisión de información objetiva, sin incluir opiniones o valoraciones personales.
- Función emotiva o expresiva: el mensaje transmitido expresa los sentimientos del emisor. La información transmitida es subjetiva.
- Función conativa o apelativa: el mensaje pretende captar la atención del receptor y provocar una respuesta o reacción.
- Funciones complementarias:
  - Función fática o de contacto: el mensaje se emite con el objetivo de verificar que se ha transmitido correctamente.
  - Función metalingüística: el mensaje trata sobre la propia lengua o sistema lingüístico.
  - Función poética o estética: hace referencia al uso de figuras literarias, priorizando la forma del mensaje.

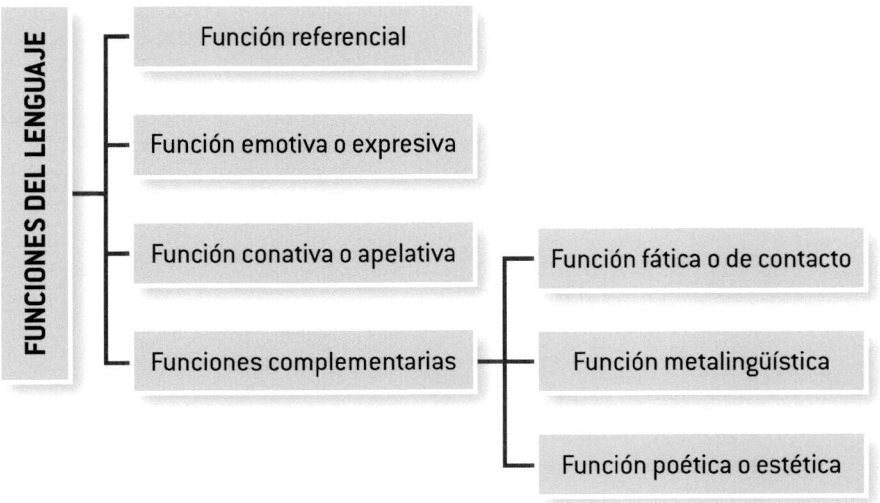

Estructura del lenguaje:

El lenguaje está formado por un conjunto de sonidos básicos (fonemas), unas unidades elementales de significado (morfemas) y la gramática, compuesta a su vez de la semántica (los significados) y la sintaxis (las normas de ordenación de las palabras).

Algunas definiciones relacionadas con la estructura del lenguaje son:

- Fonema: son las unidades de sonido más pequeñas características del lenguaje.

- Morfema: unidad significativa más pequeña de una lengua. Puede ser una palabra o un fragmento de una palabra (por ejemplo, un prefijo).

- Gramática: conjunto de normas de una lengua.

- Semántica: conjunto de normas mediante el cual se extrae el significado de los morfemas, las palabras y oraciones.

- Sintaxis: normas relativas a la combinación de las palabras en frases gramaticalmente correctas.

Comunicación

La comunicación consiste en un acto mediante el que se transmite información entre dos o más personas. La comunicación puede ser unilateral (el emisor transmite un mensaje que el receptor recibe) o bidireccional (emisor y receptor intercambian los papeles durante el proceso comunicativo).

Los elementos que intervienen en el proceso comunicativo son:

- Emisor: la persona que emite el mensaje.

- Mensaje: la información que se transmite.

- Canal de transmisión: el medio a través del cual se transmite el mensaje.

- Código: los símbolos que permiten al emisor expresarse (lenguaje, gestos, idioma, etcétera).

- Receptor: la persona o grupo de personas que reciben el mensaje.

- Contexto: el entorno en el cual se produce la comunicación.

- Referente: es la realidad a la que hace referencia el mensaje.

- Barreras de la comunicación: son los elementos que obstaculizan o impiden la comunicación (ruido, prejuicios, audición deficiente, etcétera).

El proceso de la comunicación se representa de la siguiente manera:

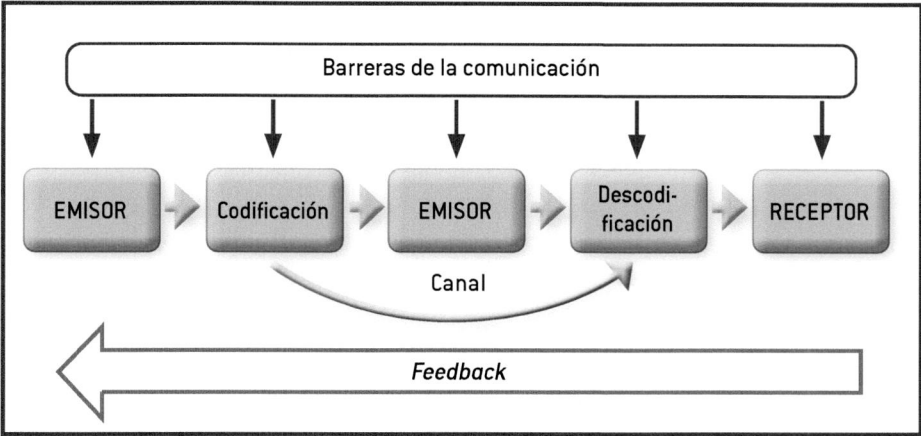

La comunicación puede ser verbal o no verbal (gestos, posturas, expresión facial, elementos paralingüísticos). Dentro de la comunicación verbal se puede distinguir entre:

— Comunicación oral: mediante sonidos vocales y el lenguaje. El lenguaje oral (o hablado) es el elemento básico de la comunicación verbal, aunque también existen otras formas de expresión oral (risa, llanto…).

— Comunicación escrita: mediante códigos lingüísticos como el sistema alfabético o los sistemas de representación gráfica (pictogramas, ideogramas, etcétera).

1.2. Necesidades comunicativas de las personas con discapacidad

Existen diferentes discapacidades que afectan en mayor o menor grado a las capacidades comunicativas de la persona. El lenguaje se adquiere mediante la interacción social, por lo que la incapacidad para hablar o desarrollar el lenguaje conlleva un importante riesgo de aislamiento social.

Las personas con discapacidad pueden tener dificultades comunicativas debido a discapacidades sensoriales, discapacidades intelectuales o mentales y discapacidades derivadas de la afectación de diferentes sistemas o procesos implicados en la adquisición y desarrollo del lenguaje y en la emisión del habla, como son:

— Sistema auditivo: la percepción correcta de sonidos permite la emisión adecuada del habla.

- Aparato fonador: es el responsable de convertir el aire procedente de los pulmones en sonidos adecuados para la comunicación.
- Sistema nervioso central: determinadas áreas cerebrales se encargan de la producción del lenguaje y la articulación del habla, así como de la comprensión del mensaje.

Las necesidades especiales de comunicación hacen referencia a las dificultades derivadas de una discapacidad que limitan el acceso a las relaciones con los demás y a la información, y que deben ser compensadas mediante sistemas de apoyo.

Las personas con discapacidad pueden presentar diferentes necesidades comunicativas. Dependiendo de estas necesidades, se optará por un tipo u otro de SAAC (con o sin ayuda externa) y por un uso transitorio o permanente.

1.3. Características diferenciales de los distintos colectivos

Las personas con necesidades comunicativas especiales pueden agruparse dependiendo de la discapacidad que presenten:

- Personas con discapacidad física. Déficits motores causados por:
  - Secuelas de parálisis cerebral.
  - Traumatismos craneoencefálicos.
  - Malformaciones cráneofaciales.
  - Tumores.
  - Enfermedades neuromusculares progresivas.
- Personas con discapacidad intelectual y/o trastornos del lenguaje:
  - Discapacidad intelectual.
  - Trastornos generalizados del desarrollo.
  - Retrasos en áreas cognitivas y del lenguaje.
  - Trastornos del espectro del autismo.
- Personas con discapacidad sensorial:
  - Discapacidad visual.
  - Discapacidad auditiva.
  - Sordoceguera.

Cada colectivo presenta diferentes necesidades comunicativas y, por lo tanto, requiere la utilización de distintas estrategias de intervención, ayudas técnicas y sistemas aumentativos y alternativos de comunicación.

EVALUACIÓN DE LAS CARACTERÍSTICAS COMUNICATIVAS Y SUS NECESIDADES DE APOYO

Es necesario realizar una evaluación individualizada que permita establecer cuáles son las capacidades de comunicación de la persona, cuáles son las estrategias comunicativas de las que carece y cómo compensarlas.

La recogida de información debe realizarse mediante el análisis de diferentes contextos o entornos (hogar, centro educativo, medios de transporte, centros recreativos o de ocio, etc.) y de la forma de interactuar en diferentes actividades (juego, vestido, aseo, alimentación, movilidad, etc.). Los instrumentos de evaluación más utilizados son:

- Observación directa en diferentes contextos.

- Entrevistas a personas del entorno (familiares y profesionales).

- Pruebas estandarizadas (escalas, cuestionarios e inventarios).

La información básica que debe recabarse es:

- Valoración del estado biológico general y deficiencias específicas.

- Evaluación de diferentes áreas: perceptiva (visión y audición), desarrollo cognitivo y social, motora y manipulativa, comunicación y lenguaje.

- Repertorio conductual general (actividades básicas e instrumentales de la vida diaria).

- Repertorio comunicativo y lenguaje (habilidades y déficits comunicativos).

- Características del entorno (familia y hogar, centro educativo, comunidad, etcétera).

Tras la evaluación de las características comunicativas de la persona y sus necesidades de apoyo, se lleva a cabo un proceso de toma de decisiones para determinar:

- Objetivos que se quiere conseguir (ajustados a las características y posibilidades biológicas de la persona).

- Elección del tipo de SAAC (con ayuda, sin ayuda o ambos).

- Elección de las ayudas técnicas y el soporte más adecuado.

- Selección del vocabulario.

- Establecimiento del proceso de enseñanza del SAAC.

1.3.1. Discapacidades físicas

Las discapacidades motoras (aquellas que afectan al aparato locomotor o sistema musculoesquelético) pueden afectar a las funciones fonadoras y respiratorias, lo que conlleva un deterioro de las capacidades comunicativas.

La afasia es un trastorno adquirido que afecta tanto a la expresión como a la comprensión del lenguaje. La afasia puede ser causada por:

- Accidente cerebrovascular.

- Traumatismo craneoencefálico.

- Infecciones localizadas o difusas del cerebro (meningitis, encefalitis, etcétera).

- Tumores: primarios (originados en el tejido cerebral) o metastásicos (originados en otras zonas del cuerpo).

- Enfermedades degenerativas y demencias.

El déficit motor más común es la parálisis cerebral. La parálisis cerebral es un trastorno neuromotor no progresivo debido a una lesión o una anomalía del cerebro en proceso de desarrollo. Este trastorno impide o dificulta el movimiento de los músculos a la hora de emitir los mensajes enviados por el cerebro. Las dificultades en la comunicación asociadas comúnmente a las parálisis cerebrales son:

- Disartrias: trastorno motor del habla por lesión del sistema nervioso central o de nervios periféricos que implica alteraciones de respiración, fonación, articulación, resonancia y prosodia.

- Trastornos motores en el área orolinguofacial.

- Mímica estereotipada en la fonación.

- Trastornos de la voz: extinción, implosión y nasalización.

- Trastornos de cadencia: entrecortada y explosiva.

Las personas que padecen parálisis cerebral pueden presentar unos ritmos diferentes en las interacciones (necesitan más tiempo para expresar la información, realizan frecuentes y/o prolongadas pausas durante la conversación, etc.). Es importante no confundir estas limitaciones en la pronunciación o el habla con déficits intelectuales.

1.3.2. Discapacidades sensoriales

Los déficits sensoriales (discapacidad visual, discapacidad auditiva y sordoceguera) conllevan una reducción de la capacidad de comunicación.

Las personas con discapacidades visuales necesitan utilizar la información táctil, auditiva y propioceptiva para acceder a la información y comprender el entorno. La principal dificultad comunicativa de este colectivo está relacionada con la imposibilidad de percibir el lenguaje no verbal (gestos, expresiones, faciales o posturas).

Las discapacidades auditivas implican dificultades cognitivas y lingüísticas. Para acceder a la información del entorno, las personas con discapacidad auditiva recurren a la lectura labiofacial o al lenguaje de signos. Los trastornos del lenguaje vinculados a déficits auditivos más usuales son:

— Deficiencias de articulación, léxico y estructuración.

— Alteraciones del ritmo del habla y timbre de la voz.

— Anomalías en la fonación y ritmo irregular.

— Dificultades en el aprendizaje de la lectoescritura.

La sordoceguera es una discapacidad que implica la existencia de una deficiencia auditiva y una deficiencia visual lo suficientemente severas como para afectar la comunicación, la movilidad y el acceso a la información y al entorno. Por lo tanto, la sordoceguera está relacionada con graves déficits comunicativos que hacen necesaria la utilización de sistemas alternativos de comunicación.

1.3.3. Otras discapacidades: enfermedad mental, trastornos del espectro del autismo, discapacidad intelectual

Otras discapacidades que pueden afectar a la capacidad comunicativa de las personas que las padecen son:

a) Enfermedad mental

El *Manual diagnóstico y estadístico de los trastornos mentales,* conocido como DSM *(Diagnostic and Statistical Manual of Mental Disorders),* clasifica los trastornos de la comunicación dentro de los trastornos de inicio en la infancia, la niñez o la adolescencia.

En el apartado «Trastornos de la comunicación» se incluyen las deficiencias del habla o del lenguaje:

— Trastorno del lenguaje expresivo: vocabulario sumamente limitado, errores en los tiempos verbales y dificultades en la memorización de palabras o en la producción de frases de longitud o complejidad propias del nivel evolutivo de la persona.

- Trastorno mixto del lenguaje receptivo-expresivo: además de los síntomas propios del trastorno del lenguaje expresivo, la persona presenta dificultades para comprender palabras, frases o tipos específicos de palabras, tales como términos espaciales.

- Trastorno fonológico: incapacidad para utilizar los sonidos del habla propios de la edad e idioma de la persona (por ejemplo, errores de la producción, utilización, representación u organización de los sonidos, tales como sustituciones de un sonido por otro).

- Tartamudeo: alteración de la fluidez y la organización temporal normales del habla (adecuadas para la edad de la persona), caracterizada por ocurrencias frecuentes de los siguientes fenómenos:

  - Repeticiones de sonidos y sílabas.

  - Prolongaciones de sonidos.

  - Interjecciones.

  - Palabras fragmentadas.

  - Bloqueos audibles o silenciosos (pausas en el habla).

  - Circunloquios (sustituciones de palabras para evitar palabras problemáticas).

  - Palabras producidas con un exceso de tensión física.

  - Repeticiones de palabras monosilábicas.

- Trastorno de la comunicación no especificado.

b) Trastornos del espectro del autismo

El autismo es un trastorno generalizado del desarrollo que afecta significativamente a áreas como la interacción social, comunicación y el comportamiento. Entre los criterios diagnósticos del autismo se encuentra la alteración cualitativa de la comunicación manifestada al menos por dos de las siguientes características:

- Retraso o ausencia total del desarrollo del lenguaje oral (no acompañado de intentos para compensarlo mediante modos alternativos de comunicación, tales como gestos o mímica).

- En personas con un habla adecuada, alteración importante de la capacidad para iniciar o mantener una conversación con otros.

- Utilización estereotipada y repetitiva del lenguaje, o lenguaje idiosincrásico.
- Ausencia de juego realista espontáneo, variado, o de juego imitativo social propio del nivel de desarrollo.

Las principales alteraciones del lenguaje en la persona con autismo son:

- Incapacidad para descodificar el lenguaje recibido por vía auditiva.
- Pobreza semántica y gramatical.
- Bajo nivel de comprensión lingüística.
- Vocalización deficiente.
- Falta de intención comunicativa.
- Alteración del uso social o comunicativo del lenguaje.

c) Discapacidad intelectual

La discapacidad intelectual se caracteriza por una capacidad intelectual significativamente inferior al promedio y déficits en la actividad adaptativa (eficacia de la persona para satisfacer las exigencias planteadas para su edad y su grupo cultural), en por lo menos dos de las áreas siguientes:

- Comunicación personal.
- Habilidades sociales-interpersonales.
- Vida doméstica.
- Utilización de recursos comunitarios.
- Autocontrol.
- Habilidades académicas funcionales.
- Trabajo.
- Ocio.
- Salud.
- Seguridad.

Por lo tanto, las personas con discapacidad intelectual pueden presentar déficits en las habilidades de comunicación, aunque no necesariamente debe ser así. Generalmente, las personas con discapacidad intelectual tienen, en menor o mayor medida, afectada la capacidad de procesamiento y comprensión de las informaciones que recibe, lo que dificulta la comunicación eficaz.

1.4. Tipos de sistemas aumentativos y alternativos de comunicación

Basil y Puig (1988) clasifican los sistemas aumentativos y alternativos de comunicación de la siguiente manera:

— Sistemas de comunicación sin ayuda:

- Gestos de uso común.
- Códigos gestuales no lingüísticos.
- Sistemas de signos manuales de los no oyentes.
- Sistemas de signos manuales pedagógicos.
- Lenguajes codificados gestuales.

— Sistemas de comunicación con ayuda:

- Sistemas basados en elementos muy representativos.
- Sistemas basados en dibujos lineales (pictogramas).
- Sistemas que combinan símbolos pictográficos, ideográficos y arbitrarios.
- Sistemas basados en las experiencias de enseñanza del lenguaje a antropoides.
- Sistemas basados en la ortografía tradicional.
- Lenguajes codificados con ayuda.

	SAAC CON AYUDA	SAAC SIN AYUDA
Descripción	Necesitan algún tipo de soporte físico o ayudas técnicas.	No requieren soporte físico o técnico.
Modo de presentación	A través de símbolos, pictogramas, dibujos, escritura, voz digitalizada, síntesis de voz...	Empleando gestos, lengua de signos, habla...
Modo de transmisión	Tableros de comunicación, comunicadores, ordenadores.	Por medio del propio cuerpo.
Principales tipos	SPC, Bliss, PECS...	Dactilología, lengua de signos, bimodal, palabra complementada...
Requisitos	Requieren un mínimo de destrezas motrices y menos habilidades cognitivas.	Exigen destrezas motrices y en habilidades cognitivas.

Los sistemas aumentativos y alternativos de comunicación contribuyen a la mejora de la comunicación, lo que permite aumentar la competencia social de la persona y evitar su aislamiento.

Es importante resaltar que cuando una persona pueda comunicarse mediante el habla, esta será la modalidad preferente, ya que existe el riesgo de establecer estilos comunicativos inadecuados y, además, el número de interlocutores con los que puede comunicarse mediante SAAC es reducido.

1.4.1. SAAC sin ayuda externa: lengua de signos, lectura labiofacial, dactilología, palabra complementada, comunicación bimodal, otros

Los sistemas aumentativos y alternativos de comunicación sin ayuda externa son mecanismos que permiten mejorar la comunicación de personas con discapacidad o deficiencias lingüísticas sin utilizar apoyos externos a la persona. El colectivo que más se beneficia de estos sistemas es el de las personas con discapacidad auditiva.

Entre los SAAC sin ayuda externa destacan:

— Lengua de signos.
— Lectura labiofacial.
— Dactilología.
— Palabra complementada.
— Comunicación bimodal.

LENGUA DE SIGNOS

La lengua de signos es una forma de comunicación que depende principalmente de la visión para percibir la información lingüística y es el principal medio de comunicación utilizado por las personas con discapacidad auditiva. Es una lengua visual, gestual, simultánea y espacial, que tiene su propia gramática y estructuras sintácticas.

La estructura de los signos gestuales está relacionada con los siguientes parámetros:

— Queirema: es la forma o configuración de la mano.
— Toponema: es el lugar de articulación o espacio en el que se articula el signo.
— Kinema: hace referencia al movimiento de la mano.
— Kineprosema: es la dirección del movimiento de la mano.
— Queirotropema: es la orientación de la mano.
— Prosoponema: hace referencia a la expresión de la cara.

En determinados casos de personas con problemas cognitivos graves, se ha utilizado el vocabulario de la lengua de signos, pero no su gramática y sintaxis.

LECTURA LABIOFACIAL

La lectura labiofacial permite a las personas con discapacidad auditiva mejorar la comunicación integrando la información recibida desde la percepción auditiva (aunque esta presente deficiencias) y la información obtenida desde la percepción visual de la emisión del sonido.

La lectura labiofacial complementa la información auditiva que la persona puede recibir, aportándole información sobre el punto de articulación y sobre la carga emocional del mensaje.

DACTILOLOGÍA

La dactilología (también conocida como el lenguaje de los dedos) es un sistema de comunicación basado en las distintas posiciones de la mano.

El sistema dactilológico asigna a cada letra (ya sea consonante o vocal) un signo manual. De esta manera, las palabras comunicadas surgen de la unión de los símbolos manuales (deletreo de las palabras).

PALABRA COMPLEMENTADA

La palabra complementada (conocido como *cuedspeech*) es un sistema diseñado para personas con discapacidad auditiva. Se basa en la combinación de la lectura labiofacial con los códigos manuales realizados alrededor del rostro. El código manual consta de tres parámetros:

- La posición de la mano (existen tres posiciones: lado, barbilla y garganta).

- La forma de la mano (existen ocho configuraciones).

- El movimiento de la mano (existen cuatro tipos de movimientos).

El sistema *cuedspeech* está adaptado a más de sesenta lenguas. La adaptación al idioma español fue realizada por Torres (1988) y Torres y Ruiz (1996), bajo el nombre de *La palabra complementada.* Las características más relevantes del sistema de la palabra complementada son:

- Es un sistema silábico (la sílaba es la unidad básica de representación visual). Esto permite que la velocidad de los complementos o códigos manuales sea similar al ritmo del discurso normal.

- Los códigos manuales son un apoyo para la lectura labio-facial (no pueden sustituirla).

- Permite visualizar claramente los fonemas (proporciona una discriminación de los fonemas al igual que el que puede percibir un oído normal).

- Es un sistema sencillo, de fácil aprendizaje.

COMUNICACIÓN BIMODAL

La comunicación bimodal es un sistema de comunicación aumentativa sin ayuda externa que consiste en la utilización simultánea del habla y los signos manuales, para favorecer el desarrollo del lenguaje oral. La gramática de la comunicación bimodal es la misma que la del lenguaje oral (a diferencia del lenguaje de signos).

Inicialmente, el sistema fue diseñado para ser utilizado por personas con deficiencias auditivas. Sin embargo, también es utilizado por otros colectivos como personas con discapacidad intelectual, trastornos generalizados del desarrollo y otras personas que presentan dificultades para comunicarse de manera oral.

OTROS SAAC SIN AYUDA EXTERNA

Otro sistema aumentativo de la comunicación sin ayuda es el vocabulario Makaton. El vocabulario Makaton es un sistema desarrollado en los años setenta por Margaret Walter. Este sistema de comunicación fue creado específicamente para las personas con discapacidad psíquica y/o intelectual.

Consiste en un vocabulario básico de, aproximadamente, 350 palabras, cada cual con su correspondiente signo. Este lenguaje se enseña con gestos y/o símbolos, acompañados siempre de lenguaje oral.

1.4.2. SAAC con ayuda externa: sistemas e imágenes, sistemas pictográficos (SPC), sistema Bliss, otros

Los sistemas aumentativos y alternativos de comunicación con ayuda externa (o sistemas de comunicación asistida) son aquellos que hacen uso de soportes externos a la persona para facilitar la comunicación eficaz. El colectivo que más se beneficia de estos sistemas son las personas con deficiencias motoras.

Según Lloyd y Karlan (1984), en los sistemas alternativos de comunicación con ayuda, el emisor necesita un soporte físico externo a él para poder emitir sus mensajes compuestos por códigos no vocales.

Estos sistemas pretenden dotar a la persona no hablante o con habla poco inteligible de instrumentos que permitan una comunicación eficaz, desarrollando habilidades básicas de representación y comunicación funcional, hasta que se adquiera el habla, o como complemento o sustituto de esta.

Basil (1988) clasificó los sistemas con ayuda atendiendo a dos aspectos:

Tipo de elementos de representación:

— Elementos muy representativos (objetos, fotos, etc.): la persona los señala con fines comunicativos.

— Símbolos pictográficos e ideográficos: mantienen una relación gráfica o conceptual con el elemento al que representan.

— Símbolos arbitrarios: no mantienen ningún parecido con su referente.

— Elementos complejos: utilizan las palabras impresas o codificadas a través del sistema braille o morse.

Complejidad lingüística:

— Sistemas basados en elementos muy representativos, especialmente recomendados para personas con graves dificultades de comunicación y representación.

— Sistemas basadas en dibujos lineales (símbolos pictográficos), que permiten una comunicación de tipo telegráfico. Algunos ejemplos son: el sistema PIC (*Pictogram Ideogram Communication*) y el sistema SPC (símbolos pictográficos de comunicación).

— Sistemas que combinan símbolos pictográficos, ideográficos y arbitrarios. Estos sistemas permiten la formación correcta de frases desde el punto de vista gramatical y sintáctico. Algunos ejemplos son: el sistema Bliss y el sistema Rebus.

— Sistemas basados en las experiencias de enseñanzas de lenguajes a antropoides.

— Sistemas basados en la ortografía tradicional: requieren que las personas conozcan los procesos de lectura y escritura, ya que los elementos de representación son el alfabeto escrito.

— Sistemas que utilizan palabras codificadas: como el sistema braille y el morse.

AYUDAS TÉCNICAS

Las ayudas técnicas son los dispositivos o materiales utilizados para la presentación y selección de los SAAC con ayuda externa. El uso de unos u otros dispositivos se encuentra determinado por las características de la persona y sus necesidades específicas.

En función de los materiales y el soporte que utilizan los SAAC, las ayudas pueden ser:

— No electrónicas:

- Tableros de comunicación no electrónicos (elaborados con papel, cartón, etc.). Los iconos o símbolos pueden ser señalados directamente o mediante un dispositivo de ayuda.

— Electrónicas:

- Tableros de comunicación en soporte informático: se utilizan a través de ordenadores y pueden incorporar voz digitalizada o sintetizada.

- Comunicadores: son dispositivos electrónicos que permiten producir mensajes fácilmente. Los comunicadores pueden incorporar símbolos SPC, Bliss, Minspeak o símbolos alfanuméricos.

- Tableros de comunicación en tableta, móvil o PDA.

Los principales SAAC con ayuda externa son:

— Sistemas e imágenes.

— SPC (sistemas pictográficos).

— Sistema Bliss.

SISTEMAS E IMÁGENES

Algunos sistemas aumentativos y alternativos de comunicación con ayuda externa basados en el uso de imágenes son:

— PECS: el sistema de comunicación por intercambio de imágenes (PECS) es el sistema desarrollado por Bondy y Frost en 1994, cuyo objetivo es el de facilitar la comunicación funcional a las personas con autismo. Se basa en el intercambio de imágenes entre el usuario del sistema y las personas de su entorno.

— PIC: el sistema PIC *(Pictogram Ideogram Comunication)* fue desarrollado en 1980 por Subhas C. Maharaj y constituido por signos gráficos dibujados en blanco sobre fondo negro. Una de sus principales ventajas es que se utilizan iconos muy similares al referente (objeto que pretende representar).

El sistema PIC es especialmente útil cuando, además de déficits comunicativos, existen deficiencias visuales y la persona necesita un gran contraste figura-fondo.

SPC (sistemas pictográficos)

El sistema SPC (*Picture Communication Symbols*) fue desarrollado por Roxana Mayer-Johnson en 1981. Este sistema se basa en símbolos pictográficos (dibujos sencillos e icónicos) para representar la realidad. Estos símbolos se complementan con el abecedario, los números, ideogramas y algunas palabras carentes de símbolo. Se puede utilizar tanto como sistema aumentativo como sistema alternativo de comunicación.

Inicialmente, con el objeto de poder ser reproducidos fácilmente, los símbolos eran en blanco y negro, pudiendo modificarlos posteriormente, incluyendo un reborde o fondo de color. Actualmente, los símbolos se proporcionan tanto en blanco y negro como en color. Mayer-Johnson recomienda asignar un fondo o reborde de color, en función de la categoría gramatical de cada pictograma. Con el objetivo de unificar criterios y simplificar la comprensión de los SAAC, los colores que se recomienda utilizar son los mismos que los propuestos en el sistema Bliss:

- Verbos: verde.
- Personas (o sustantivos referidos a personas): amarillo.
- Nombres o sustantivos: naranja.
- Descriptivos (adjetivos): azul.
- Miscelánea (palabras funcionales, alfabeto, colores, números, etc.): blanco.
- Fórmulas sociales (mensajes con contenido social, saludos, expresiones de cortesía, etc.): rosa o morado.

Características de los pictogramas:

- Se representan los conceptos más habituales en la comunicación cotidiana.
- Salvo en el caso de conceptos abstractos, los pictogramas llevan escrito encima la palabra.
- Los pictogramas se presentan en tres tamaños (8 × 8, 5 × 5 y 2,5 × 2,5 cm). Sin embargo, es posible ampliarlos o reducirlos en función de las necesidades de cada persona.
- Su diseño es sencillo y son claramente diferenciables entre ellos.
- Los símbolos utilizados son universales (adaptado a múltiples idiomas).

En la actualidad, existen numerosos recursos tecnológicos para la comunicación aumentativa y alternativa (SAAC), como herramientas digitales, aplicaciones *online* o *software* para crear tableros de comunicación y otras actividades (calendarios, rutinas, cuentos, paneles informativos, etc.) mediante una librería de símbolos y pictogramas.

Algunos ejemplos de tableros de comunicación con pictogramas son:

Fuente: ARASAAC

https://aulaabierta.arasaac.org/archivos/Items%20de%20portfolio/cuaderno-de-comunicacion-para-situaciones-de-emergencia-policia-nacional

Fuente: ARASAAC

https://arasaac.org/pictograms/es/31882/tablero%20de%20comunicaci%C3%B3n

SISTEMA BLISS

Bliss es un sistema gráfico-visual diseñado por Charles Bliss (su nombre original era Karl Kasiel Blitz) entre 1942 y 1965. Este sistema fue concebido como un lenguaje universal para comunicarse entre personas de diferentes lenguas. Posteriormente, empezó a ser utilizado como sistema aumentativo y alternativo de comunicación para las personas con discapacidad.

El sistema se basa en la utilización de formas básicas (y la combinación de estas formas) para transmitir significados.

ASPECTOS GRÁFICOS DEL SISTEMA BLISS

Los símbolos y formas utilizadas son:

— Formas geométricas básicas y sus segmentos.

— Formas adicionales completas.

— Símbolos internacionales:

- Números.

- Signos de puntuación.

- Flechas en diferentes orientaciones.

Formas geométricas básicas y sus segmentos (entera, mitad o cuarto de la forma). Pueden utilizarse con diferentes orientaciones:

Formas adicionales (utilizadas en tamaño completo):

Símbolos internacionales:

— Números:

$$0, 1, 2, 3, 4, 5, 6\ldots$$

— Signos de puntuación:

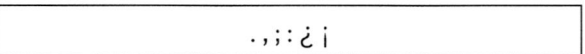

— Flechas en diferentes orientaciones:

El significado de cada símbolo viene determinado por:

— Configuración del símbolo.

— Tamaño de la forma.

— Posición, orientación y dirección de la forma.

— Grado del ángulo.

— Distancia entre elementos.

— Números.

— Signos de puntación.

— Posición de los localizadores (el localizador identifica una parte específica del objeto representado por el símbolo).

— Referencia posicional (la posición de las fechas o el punto modifica el significado del símbolo).

— Indicadores: los indicadores se sitúan sobre la «línea de cielo» (línea superior del símbolo) y modifican el significado. Los principales indicadores son:

  • Indicador de plural: x

  • Indicador de infinitivo o indicativo: ^

  • Indicador de pasado:)

  • Indicador de futuro: (

  • Indicador de objeto: ▢

  • Indicador de descripción: v

El sistema Bliss tiene una sintaxis propia, recogida en la obra de Charles Bliss *Semantography - Blissymbolics* (1965). Además, el propio sistema recomienda adaptar la metodología al nivel de lenguaje y necesidades de la persona.

Un ejemplo de símbolo del sistema Bliss es:

Feliz	Triste
♡ ↑	♡ ↓

TIPOS DE SÍMBOLOS DEL SISTEMA BLISS

Los símbolos pueden ser:

— Pictográficos: guardan cierto parecido con el objeto al que representan.

- Ideográficos: expresan ideas y tienen cierta relación con el referente, pero no describen el concepto directamente.
- Abstractos: expresan conceptos abstractos y no se parecen al referente. Los símbolos abstractos pueden ser:
  - Símbolos Bliss: son propios del sistema (creados por Charles Bliss).
  - Internacionales: son símbolos aceptados internacionalmente y adoptados por el sistema.
  - Signos de puntuación.

Los símbolos del sistema Bliss se agrupan en categorías de significado, como:

- Personas (hombre, padre, amigo…).
- Acciones (trabajar, dormir, comer…).
- Objetos (televisor, libro, cuchara…).
- Sentimientos (orgulloso, asustado, triste…).
- Ideas (matemáticas, ideas, deficiencia…).
- Relaciones espaciales (fuera, dentro, delante, diferente…).

Además, es posible asignarle colores a cada símbolo:

- Verbos: verde.
- Personas: amarillo.
- Nombres (sustantivos): naranja.
- Descriptivos (adjetivos): azul.
- Miscelánea (palabras funcionales, alfabeto, colores, números, etc.): blanco.
- Fórmulas sociales: rosa o morado.

OTROS SAAC CON AYUDA EXTERNA

Otros sistemas aumentativos y alternativos de comunicación son:

Sistema Rebus

Es un sistema desarrollado en los años sesenta como parte del como parte del programa «*Peabody Rebus Reading*» en Estados Unidos. Se trata de un sistema de comunicación alternativa basado en el uso de pictogramas. Los pictogramas usados en el sistema Rebus se sustentan sobre una base fonética. Aunque existen algunos dibujos arbitrarios, la mayor parte de los pictogramas se caracteriza por su realismo.

Sistema Minspeak

Fue desarrollado por Bruce Baker en 1982 debido a la necesidad de agilizar los procesos de comunicación basados en sistemas pictográficos (optimizar el tiempo utilizado para trasmitir los mensajes mediante SAAC). El sistema Minspeak se caracteriza por:

- Permite personalizar los mensajes, ya que los símbolos no tienen un significado preestablecido (este es definido para cada usuario). Por ejemplo, un icono de un plátano puede tener diferentes significados según la persona que utilice el sistema (hambre, comer, fruta, amarillo, etcétera).

- El número de iconos es reducido, pero permite expresar multitud de mensajes gracias a la combinación de los mismos. Por ejemplo, un icono de una casa puede combinarse con diferentes iconos dando lugar a múltiples significados (casa + coche = garaje; casa + plátano = cocina; casa + cama = dormir; etcétera).

Braille

Louis Braille creó en 19825 el sistema braille, un sistema de puntos en relieve para la lectura y escritura táctil. Esta herramienta está destinada principalmente a las personas con discapacidad visual.

El sistema braille parte de seis puntos, cuya combinación permite obtener 64 combinaciones (incluyendo la que no tiene ningún punto, utilizada como espacio). La presencia o ausencia de puntos determina de qué letra se trata.

Ejemplo de letras del alfabeto braille:

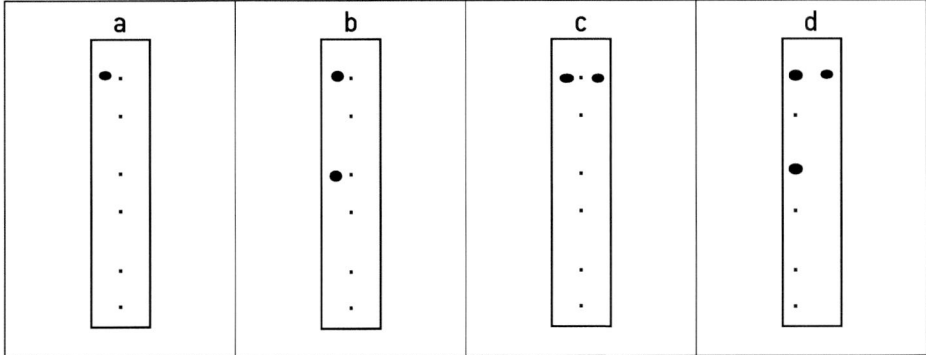

1.5. Factores facilitadores de la comunicación: personales y contextuales

Los factores contextuales hacen referencia al entorno físico y social en el que las personas se desenvuelven. Estos factores externos pueden tener una incidencia negativa o positiva en la comunicación, actuando como barreras o facilitadores de la misma. Los principales facilitadores contextuales de la comunicación son:

—   Conocimiento del entorno de las necesidades de apoyo que requiere la persona, así como del sistema de comunicación utilizado.

—   Apoyo del entorno (familia y profesionales) para el entrenamiento en sistemas aumentativos y alternativos de comunicación.

—   Existencia de ayudas para la comunicación, la información y la señalización.

—   Eliminación de las barreras físicas (ruido, falta de iluminación, etcétera).

En cuanto a los factores personales que actúan como facilitadores de la comunicación, destacan:

—   Disponer de habilidades sociales.

—   Tener capacidad de escucha activa y empatía.

—   Elección del lugar y momento oportuno para la comunicación.

—   Conocer las propias capacidades de comunicación, así como las necesidades de apoyo.

—   Dominar el uso del sistema aumentativo o alternativo de comunicación.

—   Tener disposición positiva hacia las interacciones sociales.

RESUMEN

- Las personas con discapacidad pueden presentar déficits en la comunicación (alteración o imposibilidad del habla).

- Las dificultades comunicativas pueden ser debidas a discapacidades sensoriales, discapacidades intelectuales o mentales y discapacidades derivadas de la afectación de diferentes sistemas o procesos implicados en la adquisición y desarrollo del lenguaje y en la emisión del habla.

- Para superar las dificultades en el lenguaje oral existe una serie de ayudas técnicas y estrategias de intervención que tienen como finalidad aumentar o complementar el habla (sistemas aumentativos) y, en los casos en los que no es posible la expresión verbal, sustituir el habla (sistemas alternativos).

- Los SAAC (sistemas aumentativos y alternativos de comunicación) están formados por un conjunto de ayudas técnicas, signos y símbolos que permiten comunicarse a las personas que presentan dificultades para hablar y/o escribir.

- Cada tipo de discapacidad y grado de afectación presenta diferentes necesidades comunicativas y, por lo tanto, se requiere la utilización de distintas estrategias de intervención, ayudas técnicas y sistemas aumentativos y alternativos de comunicación.

- Los sistemas aumentativos y alternativos de comunicación se clasifican en dos grupos en función de que requieran algún tipo de soporte físico o ayudas técnicas SAAC (con ayuda o sin ayuda externa).

- Los sistemas aumentativos y alternativos de comunicación sin ayuda externa son mecanismos que permiten mejorar la comunicación de personas con discapacidad o deficiencias lingüísticas sin utilizar apoyos externos a la persona. Son utilizados principalmente por personas con discapacidad auditiva.

- Entre los SAAC sin ayuda externa destacan: lengua de signos, lectura labiofacial, dactilología, palabra complementada y comunicación bimodal.

- Los sistemas aumentativos y alternativos de comunicación con ayuda externa (o sistemas de comunicación asistida) son aquellos que hacen uso de soportes externos a la persona para facilitar la comunicación eficaz. Son utilizados principalmente por personas con discapacidad motora.

- Algunos sistemas aumentativos y alternativos de comunicación con ayuda externa son: sistema de comunicación por intercambio de imágenes (PECS), sistema PIC, sistema SPC (sistemas pictográficos), sistema Bliss, sistema Rebus, sistema Minspeak, braille...

ACTIVIDADES

1.1. Relaciona cada función del lenguaje con su definición:

1. Función emotiva o expresiva	a. El mensaje pretende captar la atención del receptor y provocar una respuesta o reacción.
2. Función conativa o apelativa	b. El mensaje trata sobre la propia lengua o sistema lingüístico.
3. Función referencial	c. El mensaje se emite con el objetivo de verificar que se ha transmitido correctamente.
4. Función fática o de contacto	d. Permite la transmisión de información objetiva, sin incluir opiniones o valoraciones personales.
5. Función metalingüística	e. El mensaje transmitido expresa los sentimientos del emisor.

1.2. Señala si las siguientes afirmaciones son verdaderas o falsas:

	V	F
a. La parálisis cerebral es el déficit motor más común e impide o dificulta el movimiento de los músculos a la hora de emitir los mensajes enviados por el cerebro.		
b. Las anomalías en la fonación y ritmo irregular son un trastorno del lenguaje muy común asociado a las discapacidades auditivas.		
c. El trastorno del espectro del autismo no lleva asociado necesariamente déficits en la comunicación y el lenguaje.		
d. El trastorno del lenguaje expresivo se caracteriza por la incapacidad para utilizar los sonidos del habla propios de la edad e idioma de la persona.		

1.3. Completa la siguiente frase:

Los sistemas aumentativos y alternativos de comunicación _____ ayuda no requieren soporte físico o técnico, ya que se transmite por medio del _____. Por ello, para utilizar este tipo de SAAC se requieren destrezas _____.

1.4. Relaciona cada SAAC sin ayuda con su definición y/o característica definitoria:

1. Lengua de signos	a. Consiste en la utilización simultánea del habla y los signos manuales.
2. Lectura labiofacial	b. Es un sistema que fue creado específicamente para las personas con discapacidad psíquica y/o intelectual.
3. Dactilología	c. Permite integrar la información recibida desde la percepción auditiva y desde la percepción visual de la emisión del sonido.
4. Palabra complementada	d. Es una lengua visual, gestual, simultánea y espacial, que tiene su propia gramática y estructuras sintácticas.
5. Comunicación bimodal	e. Se basa en la combinación de la lectura labiofacial con los códigos manuales realizados alrededor del rostro.
6. Vocabulario Makaton	f. Este sistema asigna a cada letra un signo manual y las palabras comunicadas surgen de la unión de los símbolos manuales (deletreo de las palabras).

1.5. Relaciona cada SAAC con ayuda externa con su definición y/o característica definitoria:

1. Sistema SPC	a. La comunicación se basa en sistemas pictográficos, siendo el número de iconos muy reducido (permite expresar multitud de mensajes gracias a la combinación de los mismos).
2. Sistema Bliss	b. El sistema se basa en símbolos pictográficos (dibujos sencillos e icónicos) que se complementan con el abecedario, los números, ideogramas y algunas palabras carentes de símbolo.
3. Sistema Minspeak	c. Es un sistema de puntos en relieve para la lectura y escritura táctil.
4. Sistema braille	d. El sistema se basa en la utilización de formas básicas y su combinación para transmitir significados.

AUTOEVALUACIÓN

1.1. ¿Cuál es la finalidad de los sistemas alternativos de comunicación?

a) Aumentar el habla.

b) Sustituir al habla.

c) Complementar el habla.

1.2. ¿Qué función del lenguaje permite la transmisión de información objetiva, sin incluir opiniones o valoraciones personales?

a) Función referencial.

b) Función emotiva o expresiva.

c) Función conativa o apelativa.

1.3. ¿Cuál de los siguientes SAAC no requiere de ayuda externa?

a) Sistemas basados en pictogramas.

b) Sistemas que combinan símbolos pictográficos, ideográficos y arbitrarios.

c) Códigos gestuales no lingüísticos.

1.4. ¿Qué colectivo es el que más se beneficia de los sistemas aumentativos y alternativos de comunicación sin ayuda externa?

a) Las personas con discapacidad sensorial.

b) Las personas con discapacidad motora.

c) Las personas con discapacidad intelectual.

1.5. ¿Qué colectivo es el que más se beneficia de los sistemas aumentativos y alternativos de comunicación con ayuda externa?

a) Las personas con discapacidad sensorial.

b) Las personas con discapacidad motora.

c) Las personas con discapacidad intelectual.

1.6. ¿Cuál es el principal medio de comunicación utilizado por las personas con discapacidad auditiva?

a) Dactilología.

b) Lectura labiofacial.

c) Lengua de signos.

1.7. Señala la opción incorrecta en relación a la palabra complementada *(cuedspeech)*.

a) Los códigos manuales pueden sustituir a la lectura labiofacial.

b) La unidad básica de representación visual es la sílaba.

c) La velocidad de los códigos manuales es similar al ritmo del discurso normal.

1.8. ¿Qué opción es correcta en relación al sistema Bliss?

a) Los símbolos del sistema Bliss pueden ser pictográficos, ideográficos o abstractos.

b) No tiene una sintaxis propia.

c) A los símbolos que representan personas se les asigna el color azul.

1.9. ¿Cómo se denomina el sistema de comunicación aumentativa que consiste en la utilización simultánea del habla y los signos manuales, para favorecer el desarrollo del lenguaje oral?

a) Palabra complementada.

b) Comunicación bimodal.

c) Lengua de signos.

1.10. ¿Cómo se denomina, en la lengua de signos, el parámetro que designa la dirección del movimiento de la mano?

a) Queirotropema.

b) Kineprosema.

c) Queirema.

CASO PRÁCTICO

Uso de pictogramas para una persona con trastorno del espectro del autismo (TEA) en un entorno laboral

CONTEXTO

Juan es un joven de 25 años con diagnóstico de trastorno del espectro autista (TEA). Ha sido contratado recientemente en una empresa de logística, donde trabaja en el área de almacén. Juan tiene dificultades significativas en la comunicación verbal, pero puede comprender instrucciones visuales de manera efectiva. Para facilitar su integración y desempeño en el trabajo, la empresa ha decidido implementar un sistema aumentativo y alternativo de comunicación (SAAC) basado en pictogramas.

La empresa de logística tiene un entorno laboral dinámico y estructurado. Juan debe realizar tareas como clasificar productos, empaquetar y seguir órdenes específicas de sus supervisores. El equipo de recursos humanos y el supervisor directo de Juan están comprometidos en crear un ambiente inclusivo y accesible.

ACTIVIDADES

1. Identifica las necesidades comunicativas de Juan y determina las situaciones laborales en las que Juan necesita apoyo adicional para comunicarse y comprender las instrucciones.

2. Selecciona los pictogramas adecuados, que sean claros y comprensibles para Juan, y cubriendo las instrucciones y necesidades básicas del entorno laboral.

   − Investiga y selecciona un conjunto de pictogramas que puedan representar claramente las instrucciones laborales específicas que Juan necesita seguir (por ejemplo, «empaquetar», «clasificar», «pausa para el almuerzo»).

   − Elabora tableros de pictogramas que puedan ser utilizados en este entorno laboral. Para ello, puedes utilizar alguna herramienta *online* como ARASACC, Pictofacile o Pictotraductor.

3. Diseña cómo sería la implementación de los pictogramas en el entorno laboral, describiendo cómo y dónde se colocarían los pictogramas para que Juan pueda utilizarlos fácilmente durante su jornada laboral. Considera lugares como el área de trabajo de Juan, zonas comunes y áreas de descanso.

4. Desarrolla una propuesta de un plan de seguimiento y evaluación para medir la efectividad del uso de pictogramas en la mejora de la comunicación y el desempeño laboral de Juan.

GLOSARIO

- **Barreras de la comunicación:** obstáculos que dificultan o impiden la transmisión y comprensión del mensaje entre el emisor y el receptor, como barreras físicas, sensoriales, lingüísticas o cognitivas.

- **Canal de transmisión:** medio por el cual se envía un mensaje desde el emisor hasta el receptor. Puede ser verbal, escrito, visual, o a través de tecnologías como el correo electrónico o la telefonía.

- **Comunicación:** proceso de intercambio de información, ideas o sentimientos entre dos o más personas mediante un sistema común de símbolos, signos o comportamientos.

- **Comunicación escrita:** intercambio de información mediante el uso de textos escritos. Incluye cartas, correos electrónicos, mensajes de texto, y otros formatos escritos.

- **Comunicación oral:** intercambio de información a través de la palabra hablada. Incluye conversaciones, discursos, llamadas telefónicas y reuniones.

- **Dactilología:** método de comunicación manual en el que se utiliza el alfabeto manual para representar letras y palabras, comúnmente utilizado en la lengua de signos.

- **Emisor:** persona o entidad que origina y envía un mensaje en un proceso de comunicación.

- **Fonema:** unidad mínima de sonido en una lengua que puede cambiar el significado de una palabra. Ejemplo: el cambio de /p/ a /b/ en «pala» y «bala».

- **Lengua de signos:** sistema de comunicación visual que utiliza signos manuales, expresiones faciales y movimientos corporales para transmitir significado, principalmente utilizado por personas sordas.

- **Lenguaje:** sistema de comunicación estructurado basado en el uso de símbolos y reglas gramaticales, tanto hablado como escrito o firmado.

- **Morfema:** unidad mínima de significado en una lengua. Puede ser una palabra completa o una parte de una palabra que tenga significado (como prefijos y sufijos).

- **Pictograma:** símbolo gráfico que representa un objeto o concepto de manera simple y visual, utilizado para facilitar la comprensión en sistemas de comunicación visual.

- **Receptor:** persona o entidad que recibe e interpreta un mensaje en un proceso de comunicación.

- **Semántica:** rama de la lingüística que estudia el significado de las palabras, frases y oraciones en un lenguaje.

- **Sintaxis:** conjunto de reglas y principios que determinan la estructura y el orden de las palabras en las oraciones de un lenguaje.

- **Sistemas aumentativos de comunicación:** herramientas y métodos que se añaden a la comunicación natural para mejorar la capacidad de una persona de comunicarse. Incluyen dispositivos electrónicos, tableros de comunicación y aplicaciones.

- **Sistemas alternativos de comunicación:** métodos de comunicación que sustituyen al habla o la escritura convencional para personas con discapacidades severas del habla o del lenguaje. Incluyen la lengua de signos, tableros de letras, y otros sistemas no verbales.

- **Sistema Bliss:** sistema de símbolos gráficos que representan conceptos y palabras, utilizado principalmente como método de comunicación para personas con discapacidades físicas y de comunicación severas.

MAPA CONCEPTUAL

SISTEMAS AUMENTATIVOS Y ALTERNATIVOS DE COMUNICACIÓN (SAAC)

NECESIDADES COMUNICATIVAS DE LAS PERSONAS CON DISCAPACIDAD

TIPOS DE SISTEMAS AUMENTATIVOS Y ALTERNATIVOS DE COMUNICACIÓN

FACTORES FACILITADORES DE LA COMUNICACIÓN

— Diferentes necesidades y características en función del tipo de discapacidad (física, sensorial, intelectual, trastornos del lenguaje…).

— SAAC sin ayuda externa: lengua de signos, lectura labiofacial, dactilología, palabra complementada, comunicación bimodal, otros.

— SAAC con ayuda externa: sistemas e imágenes, sistemas pictográficos (SPC), sistema Bliss, otros.

— Personales

— Contextuales

2. Conductas desafiantes de las personas con discapacidad en entornos laborales

Contenido

Las personas con discapacidad pueden presentar en determinados casos alteraciones en la conducta. Las conductas desafiantes pueden aparecer en diferentes contextos y suponen un obstáculo para la inserción sociolaboral de este colectivo. Por ello, es necesaria la implantación de estrategias que permitan analizar las conductas desafiantes y abordar esta problemática.

2.1. Conductas desafiantes: concepto, fases de desarrollo y consecuencias

El término «conducta desafiante» (traducción del inglés *challenging behaviour*) está estrechamente relacionado con la interacción de la persona con su entorno, tanto físico como sociocultural. La conducta desafiante supone un riesgo para la calidad de vida de quienes la realiza, convirtiéndose en un reto (desafío) para su entorno.

La conducta desafiante es definida por Emerson (1995) como «la conducta culturalmente anormal de tal intensidad, frecuencia o duración que es probable que la seguridad física de la persona o de los demás corra serio peligro, o que es probable que limite el uso de los recursos normales que ofrece la comunidad, o incluso se le niegue el acceso a esos recursos». Siguiendo con esta definición, los factores de los que depende que una conducta sea considerada como un problema son:

- La intensidad de la conducta, su frecuencia y las consecuencias para la persona y los demás.
- El entorno en donde se produzca la conducta y las normas sociales que rigen ese entorno.
- La edad de la persona.
- La capacidad de la persona para proporcionar una explicación satisfactoria.
- La capacidad del entorno para manejar la disrupción ocasionada por la conducta.

Es importante destacar que las conductas solo pueden ser definidas como desafiantes en relación al contexto en el que aparecen. Emerson cita algunos ejemplos: «Gritar fuerte y usar un lenguaje insultante es probable que se tolere (incluso se perdone) en la fábrica o en un partido de fútbol. La misma conducta sería ciertamente desafiante si se realizara durante un oficio religioso. La agresión física se valora positivamente en el cuadrilátero. Una grave agresión a uno mismo, sin embargo, es probable que sea vista como una conducta desafiante si la manifiesta una persona con retraso mental, pero puede ser vista como una señal de piedad religiosa cuando la muestra un penitente».

Según Emerson (1998), las características de la conducta problemática son:

— La conducta problemática se define por el impacto que esta tiene en la persona o en su entorno.

— La conducta problemática se define socialmente.

— De la conducta problemática se derivan unas consecuencias personales y sociales que pueden ser tanto inmediatas como a largo plazo.

Las conductas desafiantes están causadas, generalmente, por un déficit en las habilidades de sociales, de comunicación y de control del entorno. En gran medida, estas conductas son una forma inadecuada de expresar deseos, comunicar intenciones, interactuar con otras personas o controlar el medio físico y cultural.

Por ello, es necesario realizar intervenciones que evalúen las funciones que cumple la conducta desafiante y permitan a la persona con discapacidad emitir otras conductas más adecuadas para lograr los mismos fines (pedir algo que se desea, rechazar algo no deseado, reclamar la atención de una persona, evitar una situación desagradable, etcétera).

Generalmente, las alteraciones conductuales son el resultado de la interacción entre condiciones biológicas, psicológicas y sociales de la persona. Los factores predisponentes, precipitantes o de mantenimiento de la conducta desafiante se pueden resumir en el siguiente esquema:

Del desarrollo

Biológicos

— Síndromes genéticos.
— Alteración de la función cerebral.
— Enfermedades físicas.
— Enfermedades mentales.
— Epilepsia.
— Alteraciones sensoriales y físicas.

Sociales

— Maltrato físico, sexual y psicológico.
— Ausencia de oportunidades.
— Falta de participación.
— Características físicas del entorno negativas.
— Descuido de las necesidades personales.
— Gran tensión del cuidador.
— Refuerzo de conductas inadaptadas.

Psicológicos

— Fortalezas y debilidades cognitivas.
— Fortalezas y debilidades adaptativas.
— Alteraciones en el desarrollo del lenguaje.
— Baja autoestima.
— Falta de apoyo emocional.
— Repercusión de eventos vitales adversos.

Adaptado de *Salud mental y alteraciones de la conducta en las personas con discapacidad intelectual. Guía práctica para técnicos y cuidadores*. Ramón Novell Alsina (coord.). Madrid: FEAPS, 2004.

Las conductas problemáticas o desafiantes pueden darse tanto en personas con discapacidad intelectual como en personas con discapacidad física o sensorial (especialmente cuando va acompañada de afectación cognitiva).

Clasificación de las conductas desafiantes

Existen múltiples clasificaciones de las conductas desafiantes. Algunas de las clasificaciones más relevantes son:

- El ICAP (Inventario para la Planificación de Servicios y Programación Individual) es un sistema de evaluación de la conducta adaptativa, que también permite evaluar problemas de conducta. El sistema ICAP codifica siete tipos de conducta patológica:

  - Comportamientos autolesivos o daño a sí mismo.

  - Heteroagresividad o daño a otros.

  - Destrucción de objetos.

  - Conducta disruptiva.

  - Hábitos atípicos y repetitivos (estereotipias).

  - Conducta social ofensiva.

  - Retraimiento o falta de atención y conductas no colaboradoras.

- El DC-LD *Diagnostic Criteria-Learning Disabilities* (Criterios de Diagnóstico para Trastornos Psiquiátricos para su uso en Adultos con Discapacidad Intelectual/Retraso Mental) clasifica las conductas problemáticas en diez subtipos:

DC-LD - Nivel D: Problemas de conducta	
– Agresividad verbal.	– Conducta oposicional.
– Agresividad física.	– Conducta de demanda.
– Conducta destructiva.	– Deambulación.
– Conducta autolesiva.	– Problemas conductuales mixtos.
– Conducta sexual inapropiad.	– Otros problemas de conducta.

— División entre conducta disocial o conducta no disocial. Una clasificación más simple de las conductas desafiantes es la división de las mismas en dos grandes categorías, según se asocien o no a amenaza para sí mismo y para los demás:

- **Conductas disociales**: estas conductas abarcan un amplio rango de comportamientos anormales que implican una alta probabilidad de poner en peligro la integridad física de la persona que las realiza y/o de las personas de su alrededor. También son conductas que suponen una clara transgresión de las normas sociales. Algunos ejemplos de conductas disociales son:

  - Autoagresividad/autolesiones.
  - Heteroagresividad/agresiones a otras personas.
  - Conducta sexual anormal y acoso.

- **Conductas no disociales**: estas conductas están relacionadas con una restricción de las actividades y de la participación de la persona, interfiriendo en la integración de la persona sin constituir una amenaza o riesgo para ella o su entorno. Estas conductas pueden ser:

  - Conductas silentes:
    - Pasividad.
    - Estereotipias.
    - Conductas no colaboradoras.
    - Falta de cumplimiento.
    - Aislamiento.
    - Comportamientos interfirientes que obstaculizan el aprendizaje y/o la rehabilitación.
  - Conductas perturbadoras:
    - Hiperactividad.
    - Gritos incontrolados.
    - Escapadas.

Fases de desarrollo

La conducta desafiante se inicia habitualmente por la presencia de un estímulo o suceso «iniciador» o antecedente y se mantiene por los efectos reforzadores de las consecuencias.

Los iniciadores o antecedentes son las circunstancias que están presentes antes de que aparezca la conducta desafiante. Estas circunstancias pueden ser muy variadas (personas, realización de determinadas actividades, características físicas del entorno, etc.). Entre los antecedentes, suele encontrarse un «estímulo precursor» que es el que hace más probable la aparición de la conducta desafiante.

Además, existe una serie de «condiciones contribuyentes» que pueden aumentar la probabilidad de aparición la conducta problemática. En algunos casos, es necesario que los factores contribuyentes aparezcan junto con el estímulo precursor para que se desencadene la conducta desafiante. Ejemplos de condiciones contribuyentes son: estar cansado, tener sueño, estar de mal humor, tener la menstruación, etcétera.

Los iniciadores de la conducta problemática pueden ser:

– Factores externos:
  • Características físicas del entorno:
    o Exceso de ruido o silencio.
    o Determinados olores.
    o Iluminación.
    o Temperaturas no confortables (excesivamente bajas o elevadas).
    o Cambios frecuentes de entorno.
    o Exceso o falta de espacio.
    o Falta de elementos y recursos adecuados.
    o Entorno no adaptado a las necesidades de la persona y con presencia de barreras arquitectónicas.
  • Factores sociales:
    o Presencia o ausencia de determinadas personas.
    o Proximidad de determinadas personas.
    o Recibir visitas.
    o Conflictos o discusiones.
    o Bromas.
    o Correcciones.
    o Recibir órdenes.
    o Falta de atención social.

- o Cambio inesperado de personal.

- o Contacto físico.

- Factores programáticos (referidos a la programación de actividades y rutinas):

  - o Falta o exceso de planificación.

  - o Exceso de rigidez horaria.

  - o Cambios en las rutinas.

  - o Dificultad excesiva de las tareas.

  - o Actividades no significativas para la persona.

  - o Exceso de tiempo libre sin actividades programadas.

  - o Escasas oportunidades de elección.

− Factores internos:

- Factores psicológicos:

  - o Determinados rasgos de personalidad (poca tolerancia a la frustración, hiperactividad, cambios frecuentes de humor, etcétera).

  - o Falta de habilidades de comunicación, sociales, de interacción, etcétera.

  - o Falta de habilidades de autocontrol.

  - o Estados de ánimo negativos.

  - o Cansancio.

- Factores orgánicos y psiquiátricos:

  - o Dolor.

  - o Deficiencias sensoriales.

  - o Deficiencias motoras.

  - o Efectos secundarios de los medicamentos.

  - o Presencia de trastornos psiquiátricos con diferentes sintomatología:

    - Síntomas cognitivos (estados depresivos, maniáticos, psicóticos...).

    - Síntomas perceptivos (alucinaciones).

    - Síntomas afectivos (ansiedad, ira, frustración, euforia, irritabilidad, etcétera).

    - Síntomas motores (temblores, agitación, sobreactivación motora, etcétera).

Factores iniciadores de la conducta desafiante

Factores internos	Factores externos

Factores psicológicos	Factores orgánicos y psiquiátricos	Características físicas del entorno	Factores sociales	Factores programáticos

Modelo de Whitaker

Whitaker, Philip y otros colaboradores (2001) elaboraron un modelo que resume las fases de desarrollo de una conducta asocial, culturalmente anormal o desafiante.

El modelo de Whitaker divide la conducta problemática en cuatro fases: desencadenante, de intensificación, de explosión y de recuperación.

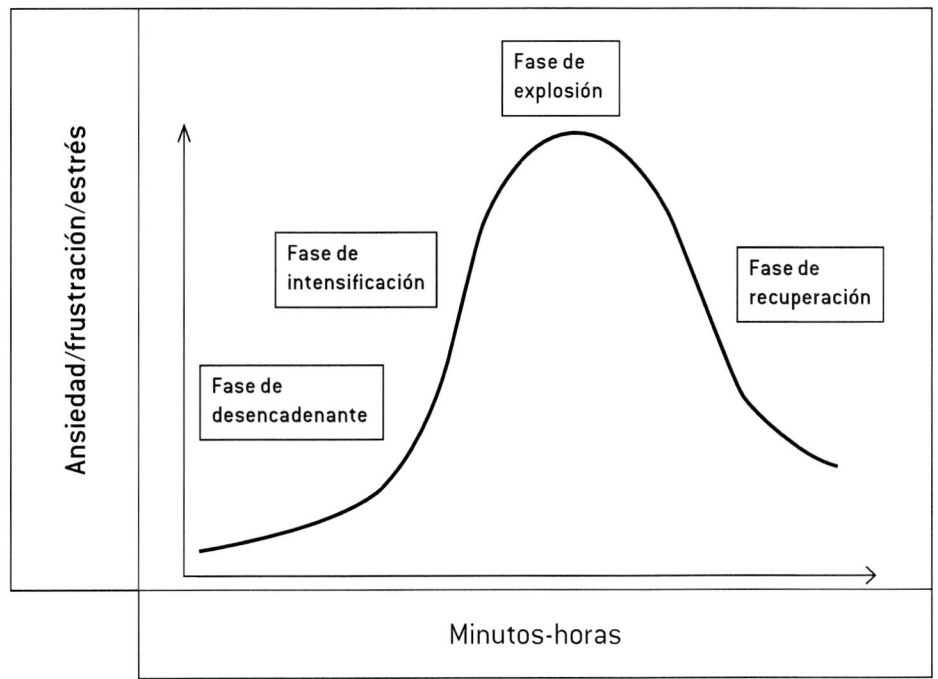

Para cada una de las fases propuestas en su modelo, Whitaker y colaboradores proponen una serie de estrategias:

	FASES	ESTRATEGIAS
ENFOQUE PROACTIVO — **PREVENCIÓN** — Fase desencadenante		− Eliminación de la causa. − Tratar la conducta como una forma de comunicación. − Desviar su atención. − Aprender a hacer frente al estrés.
Fase de intensificación		− Recordar las recompensas. − Recordar las reglas. − Formas de evitación: proporcionar oportunidades para relajar la situación o cambio de orientación. − Modificar las demandas. − Tranquilizar la situación.
ENFOQUE REACTIVO — **INTERVENCIÓN** — Fase de explosión		− Despejar la zona (despejar el entorno y/o proteger a las otras personas). − Conseguir ayuda. − Dar una respuesta de baja intensidad. − Intervención física.
Fase de recuperación		− Proporcionar espacio. − Regresar a la normalidad. − Realizar otras demandas. − Hablar sobre la situación. − Cuidar de sí mismo.

Consecuencias

Las conductas desafiantes tienen consecuencias tanto personales como sociales. Algunas de las principales consecuencias de estos comportamientos son:

− Lesiones, daños y secuelas físicas de la persona con discapacidad y de su entorno.

− Rechazo y reacciones de la sociedad ante los comportamientos agresivos.

− Aumento de la probabilidad de ingreso en instituciones especializadas.

− Consecuencias derivadas de la inmovilización física o el tratamiento farmacológico.

− Riesgo de abuso físico y malos tratos.

− Secuelas de tipo psicológico y/o social.

− Riesgo de aislamiento y depravación social.

− Apatía y estrés en las personas del entorno.

2.2. El apoyo conductual positivo

El apoyo conductual positivo (en inglés *Positive Behavioral Support*) es un modelo basado en el paradigma actual de la discapacidad que pretende ayudar a las personas a disfrutar de sus vidas y a vivir de una forma plena con la máxima independencia y autonomía posible, resolviendo los problemas de conducta que puedan interferir en este objetivo.

El apoyo conductual positivo se basa en incrementar la calidad de vida de las personas en diferentes ámbitos (desarrollo personal, laboral, salud, social y familiar, ocio y tiempo libre, etc.), actuando para que las conductas problemáticas sean menos eficaces, eficientes y relevantes, así como que las conductas alternativas sean más funcionales.

En resumen, el apoyo conductual positivo es un enfoque de intervención que utiliza estrategias proactivas y basadas en la evidencia para enseñar y reforzar comportamientos positivos, reduciendo al mismo tiempo las conductas desafiantes. Este modelo supone un conjunto de procedimientos y técnicas para modificar el entorno con una doble finalidad: hacer que la conducta problemática sea irrelevante e ineficaz y hacer que la conducta alternativa sea más eficaz.

2.2.1. Definición, características y principios

El apoyo conductual positivo se define como «*un enfoque para hacer frente a los problemas de conducta que implica remediar condiciones ambientales y/o déficits en habilidades*» (Carr, 1995).

Según Canal Bedia, Martín Cilleros y colaboradores, las características y principios del apoyo conductual positivo o son:

Características del apoyo conductual positivo
– *Está basado en la evaluación funcional, vinculando variables ambientales con las hipótesis relativas a la función de la conducta problemática. El apoyo conductual positivo se basa en el análisis de la conducta desafiante, las variables que influyen en ella y las funciones que cumple.*
– *Es global e incluye intervenciones múltiples (intervención multicomponente).*
– *Trata de enseñar habilidades alternativas y de adaptar el ambiente. Además de minimizar o eliminar las conductas desafiantes, el apoyo conductual positivo pretende desarrollar en la persona repertorios conductuales alternativos y adecuados, así como adaptar el contexto de la persona a sus características y necesidades.*
– *Refleja los valores de la persona, respeta su dignidad y sus preferencias, y trata de mejorar su estilo de vida.*
– *Se diseña para ser aplicado en contextos de la vida diaria, haciendo uso de los recursos disponibles y basándose en una visión compartida del problema.*
– *Mide el éxito de los programas por el incremento en la frecuencia de la conducta alternativa, el descenso de frecuencia de la conducta problemática y por mejoras en la calidad de vida de la persona.*

Principios del apoyo conductual positivo
– La conducta problemática tiene una función para la persona.
– La conducta problemática está relacionada con el contexto.
– Una intervención eficaz está basada en la comprensión de la persona, su conducta y contexto social.
– El plan de apoyo debe tener en cuenta los valores de la persona, respetar a su dignidad, y aceptar sus preferencias y aspiraciones.

2.2.2. Proceso de instauración

El apoyo conductual positivo es un proceso global y continuo. Esto significa que el proceso puede durar prácticamente toda la vida de la persona, por lo que es necesaria la realización de ajustes según la etapa del ciclo vital en que se encuentre.

Diseñar e instaurar un plan de apoyo conductual positivo requiere de la colaboración, trabajo en equipo y compromiso de todas las personas implicadas (familia, amigos, profesionales, etcétera).

Las fases generales del proceso de apoyo conductual positivo son:

1. Evaluación funcional.
   a. Describir las conductas desafiantes.
   b. Identificar la frecuencia, duración e intensidad de las mismas.
   c. Establecer hipótesis funcionales.
   d. Identificar las variables que desencadenan o agravan la conducta problemática.

2. Elaboración del plan de apoyo conductual.
   a. Diseñar y planificar las estrategias de intervención (antes, durante y después de la conducta desafiante).
   b. Planificar la intervención en situaciones de crisis.
   c. Establecer los sistemas de registro para recoger la información.

3. Ejecución del plan de apoyo conductual.
   a. Aplicación de estrategias generales de intervención.
   b. Aplicación de estrategias de intervención en situaciones de crisis.

4. Seguimiento del plan de apoyo.
   a. Medir y evaluar el incremento de conductas alternativas adecuadas.

b. Medir y evaluar el descenso de conductas desafiantes.

c. Valorar las mejoras en la calidad de vida de la persona y su entorno.

d. Realizar modificaciones y/o correcciones del plan.

De manera previa al inicio de cualquier intervención, es necesario realizar un análisis de la conducta desafiante. Esta fase de análisis consiste en recabar información precisa acerca de la conducta, su frecuencia, duración e intensidad, así como el contexto en el que se desencadena.

Los instrumentos y herramientas básicas de recogida de información son:

— Observación directa (sin intervenir en el entorno ni interferir en las actividades cotidianas de la persona). Para recoger información mediante la observación directa, es necesario diseñar una hoja de registro o ficha de observación. Es conveniente que la hoja de registro conductual sea personalizada para cada caso.

— Instrumentos estandarizados (test, escalas de valoración, cuestionarios...).

— Análisis funcional (manipular sistemáticamente las variables que pueden intervenir en la conducta problemática, para observar los efectos).

— Entrevistas y discusión en grupo (tanto con la persona como con su entorno). Algunas cuestiones importantes para plantear en las entrevistas son:

- ¿Cuáles son las conductas más problemáticas de la persona?

- Describa la conducta problemática.

- ¿Cuál es la frecuencia, duración e intensidad de la conducta?

- ¿Qué situaciones o estímulos hacen más probable la aparición de la conducta?

- ¿Qué situaciones o estímulos hacen menos probable la aparición de la conducta?

- ¿Cuándo es más probable que aparezca la conducta (hora del día, contexto físico, tipo de actividad, ante qué personas, etcetera)?

- ¿Qué función o propósito cree que cumple la conducta desafiante?

- ¿Qué efectos o consecuencias tiene la conducta problemática?

- ¿Con qué frecuencia y rapidez atienden las conductas problemáticas?

- ¿Cómo se comunica y expresa sus deseos y necesidades?

ESQUEMA PARA EL ANÁLISIS DE LA CONDUCTA DESAFIANTE	
Nombre del comportamiento.	Ejemplos: «Desvestirse en público», «morder», «arañar», «autolesionarse», etc.
Descripción de la topografía de la conducta (forma o apariencia de la conducta, movimientos físicos realizados).	Ejemplo: se golpea la cabeza con las dos manos.
Frecuencia de la aparición de la conducta.	Ejemplos: X veces/hora; X veces/día; X veces/semana, etc.
Duración de los episodios.	Ejemplos: X segundos, X minutos…
Intensidad de los episodios.	Ejemplos: Intensidad alta, media o débil.
Secuencias de comportamientos que aparecen en una misma situación.	Ejemplo: Tras la conducta «arañar», la persona grita.
Contexto o entorno en el que aparece la conducta.	Determinar en presencia de qué personas, estímulos, objetos, demandas del entorno, situaciones, lugares, momentos del día, etc., aparece la conducta.
Función del comportamiento.	Ejemplos: expresar una necesidad, obtener atención, evitar una situación desagradable, etcétera.

2.2.3. Estrategias de intervención

Las conductas desafiantes pueden ser consideradas como un problema que requiere estrategias de intervención específicas cuando:

— La conducta supone un peligro para la persona y/o para su entorno.

— La conducta puede agravarse si no es tratada adecuadamente (por ejemplo, golpearse muy levemente sin llegar a producir daño, simular que se agrede a otras personas, etcétera).

— La conducta es incompatible con la normalización y la integración en la sociedad (los comportamientos suponen una desviación con respecto a la edad de la persona o a la cultura en la que vive).

— El comportamiento interfiere e impide el aprendizaje.

Edward Carr y otros autores (Levin, McConnachie, Carlson, Kemp, y Smith) establecieron en su libro *Intervención comunicativa sobre los problemas de comportamiento* (1996) cuáles son los principios que deben guiar la intervención ante conductas desafiantes:

- La conducta problemática es propositiva o intencional.
- Debe realizarse una evaluación funcional para identificar la finalidad de la conducta problemática.
- La intervención en la conducta problemática debe centrarse en la educación, no simplemente en la supresión de la conducta.
- Los problemas de comportamiento generalmente tienen muchas finalidades y, por tanto, requieren muchas intervenciones.
- La intervención implica cambiar el modo en que interactúan las personas con y sin discapacidad y, por tanto, la intervención implica cambiar sistemas sociales.
- El objetivo último de la intervención es el cambio en el estilo de vida, en lugar de la eliminación de los problemas de comportamiento.

Las estrategias generales de intervención ante conductas desafiantes pueden ser reactivas o proactivas.

ESTRATEGIAS REACTIVAS

Las estrategias reactivas son aquellas intervenciones que se realizan en el momento en el que ocurre la conducta problemática, con el objetivo de evitar lesiones en las personas o daños en el entorno. Algunas de las estrategias reactivas son:

- Ignorar la conducta desafiante.
- Desvío de la atención y redirección de la persona hacia otra actividad.
- Retroalimentación: dar *feedback* a la persona, recordándole qué conducta debe realizar en esa situación.
- Cambio de estímulos: se trata de emitir una conducta inesperada para la persona y que pueda desactivar la conducta problemática (por ejemplo, empezar a bailar).
- Escucha activa: se basa en mantener una actitud receptiva de escucha, mostrando interés por ayudar a la persona. Se debe favorecer que la persona verbalice sus emociones, deseos o los motivos de su conducta.
- Entrenamiento de conductas adecuadas: en la medida de lo posible, utilizar la situación en la que la persona está realizando la conducta desafiante para intentar practicar conductas alternativas que haya aprendido mediante estrategias proactivas.

- Intervenciones físicas: consiste en restringir el movimiento de la persona para evitar la ejecución de la conducta problemática. Las intervenciones físicas se definen como «cualquier método de responder a una conducta desafiante que implique algún grado de fuerza física dirigida a limitar o restringir el movimiento o la movilidad» (Harris y colaboradores, 1996).

Las intervenciones físicas solo deben ser utilizadas como último recurso, ya que presentan una serie de limitaciones como ser incompatibles con determinados valores y principios éticos, riesgo de lesiones, incremento de las conductas agresivas o de los niveles de estrés, etcétera.

Este tipo de intervenciones puede responder a un plan de intervención preestablecido o realizarse de manera no programada ante situaciones de urgencia en las que exista riesgo para la persona o su entorno. La intervención física puede realizarse de diferentes maneras, haciendo uso de:

- Barreras: disposición de muebles, puertas cerradas, cerrojos, pestillos en las puertas, etcétera.

- Materiales o equipamientos que limiten el movimiento: férulas, correas de sujeción, etcétera.

- Contacto físico directo: sujetar la mano, el brazo o las piernas de la persona, inmovilización, etcétera.

ESTRATEGIAS PROACTIVAS

Las estrategias proactivas son aquellas intervenciones que se realizan en ausencia de la conducta desafiante, con el objetivo de desarrollar las habilidades sociales y de comunicación de la persona con discapacidad, así como establecer un entorno comprensible y predecible para ella. Las estrategias proactivas pueden agruparse en:

- Cambios en el entorno de la persona (manipulación ecológica): estas estrategias consisten en realizar cambios en el entorno con el objetivo de adaptarlo a las necesidades y características de la persona, creando contextos comprensibles y previsibles. Las intervenciones pueden estar referidas a:

- Entorno físico (distribución, iluminación, ruidos, presencia de estímulos, etcétera).

- Entorno interpersonal (número de personas con las que interactúa, conducta de las personas con las que se relaciona, oportunidades de interacción, etcétera).

- Programación de actividades (tipo de actividades, dificultad, interés y motivación por las tareas, falta de programación y planificación, posibilidad de elección, cambios imprevistos en las actividades, etcétera).

− Programación positiva: estas estrategias pretenden favorecer el desarrollo de habilidades como:

- Habilidades generales (autonomía personal, actividades de la vida diaria, ocio y tiempo libre, habilidades laborales, uso de recursos comunitarios, etc.). Es necesario dotar a las personas de un repertorio conductual adaptativo y de las habilidades generales necesarias para tener alternativas adecuadas cuando desaparezcan las conductas desafiantes.

- Habilidades funcionalmente equivalentes a las conductas desafiantes. Este tipo de entrenamiento consiste fundamentalmente en el desarrollo de habilidades sociales, comunicativas y de autonomía.

- Habilidades alternativas, funcionalmente relacionadas con las conductas desafiantes. Se trata de entrenar habilidades que permitan a la persona discriminar, realizar elecciones, participar en la programación de sus actividades, etc., mediante técnicas de discriminación y de elección. Las técnicas de discriminación favorecen la correcta distinción entre conductas apropiadas e inapropiadas. Las técnicas de elección permiten a la persona con discapacidad ir adquiriendo la habilidad de realizar elecciones entre diferentes alternativas (evitando controlar en exceso el contexto de la persona, sin permitirle tomar decisiones).

- Habilidades de autocontrol y adaptación: cuando el entorno no puede ser modificado y no se adapta a las necesidades y/o características de la persona, se deben poner en práctica habilidades de autocontrol y adaptación. Estas habilidades se adquieren mediante técnicas de:

  o Relajación: se basa en enseñar a la persona cómo relajarse para adaptarse y/o tolerar una situación que no puede modificarse.

  o Desensibilización sistemática: esta técnica permite que la persona se acostumbre a la presencia de los estímulos o circunstancias que favorecían la aparición de la conducta problemática, mediante la presentación progresiva y repetitiva de dichos estímulos.

  o Moldeamiento: esta técnica aumenta la tolerancia a la espera, retardando la entrega del refuerzo.

– Estrategias de tratamiento directo: estas estrategias tienen como finalidad disminuir la aparición, frecuencia, duración e intensidad de las conductas desafiantes mediante la aplicación de programas de reforzamiento diferencial. Es decir, estas intervenciones se basan en aplicar un reforzamiento cuando se produzcan determinados acontecimientos, como: la conducta ha aparecido menos de un número prestablecido de veces durante un intervalo de tiempo, la persona ha realizado conductas alternativas adecuadas, una vez que haya transcurrido un periodo de tiempo determinado sin que se presente la conducta desafiante, etcétera.

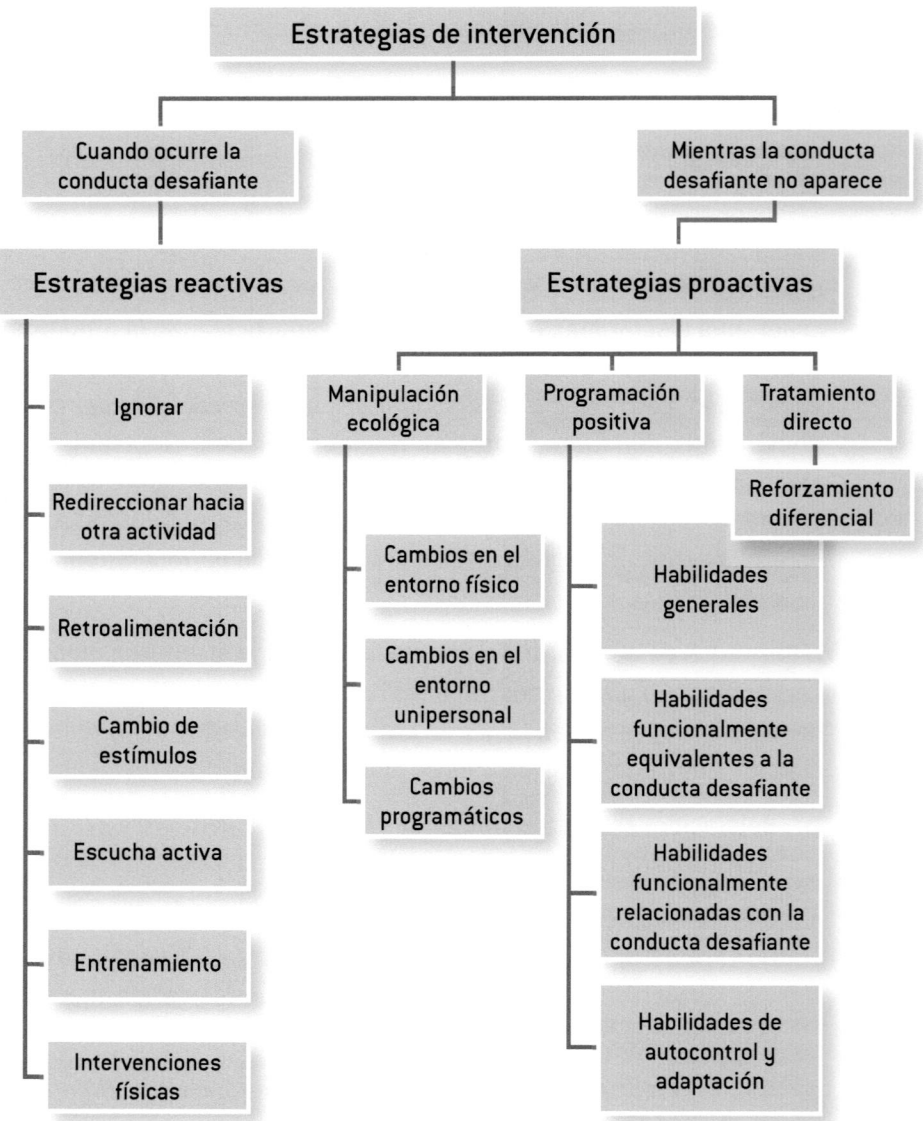

PLAN DE APOYO CONDUCTUAL POSITIVO: ESTRATEGIAS

Las estrategias de intervención que componen los planes de apoyo conductual positivo son:

- Intervenciones basadas en los antecedentes:
    - Modificación de los antecedentes y los sucesos contextuales.
    - Eliminar o modificar el suceso problemático.
    - Intercalar sucesos agradables en sucesos desagradables.
    - Añadir sucesos que favorezcan la conducta alternativa.
    - Bloquear el impacto de los sucesos negativos.

- Estrategias de enseñanza de habilidades alternativas:
    - Desarrollo de habilidades alternativas que reemplacen las conductas problemáticas.
    - Desarrollo de habilidades generales para evitar situaciones problemáticas.
    - Desarrollo de habilidades de afrontamiento.

- Intervenciones sobre las consecuencias:
    - Incrementar el uso de las habilidades alternativas mediante reforzamiento.
    - Reducir las consecuencias positivas de la conducta problemática.

- Intervenciones sobre el estilo de vida de la persona:
    - Fomentar las relaciones sociales satisfactorias.
    - Proporcionar oportunidades para realizar elecciones y ejercer control sobre el entorno, así como para realizar actividades significativas de su interés.
    - Facilitar la integración comunitaria.
    - Establecer apoyos.

EJEMPLO DE PLAN DE APOYO CONDUCTUAL POSITIVO	
Intervenciones basadas en los antecedentes	- Evitar tareas repetitivas. - Reducir la duración de las sesiones. - Intercalar tareas fáciles y tareas más difíciles.

Enseñanza de habilidades alternativas	– Enseñar a decir «descanso» cuando quiere o necesita dejar de trabajar. – Enseñar a solicitar la atención del monitor diciendo «ayuda». – Enseñar estrategias para esperar.
Intervenciones basadas en las consecuencias	– Incrementar el uso de habilidades alternativas: Felicitarle cuando actúa correctamente. Prestarle atención cuando lo solicita de forma apropiada. – Reducir la eficacia de la conducta problemática. Recordar las reglas (por ejemplo «si quieres que te atienda, debes decir "ayuda"»).
Intervenciones sobre el estilo de vida	– Participar en cursos de formación en su comunidad. – Desarrollar un plan de inserción laboral.

2.2.4. Seguimiento del proceso

El seguimiento del proceso permite valorar los cambios producidos como consecuencia de la intervención realizada, evaluando los resultados de las estrategias. Los resultados evaluados no solo harán referencia al incremento de las conductas alternativas adecuadas y al descenso en las conductas problemáticas, sino también a la mejora en la calidad de vida y los niveles de satisfacción de la persona y su entorno.

Por otro lado, el seguimiento del proceso sirve como base para tomar decisiones respecto a la adaptación y/o modificación de las estrategias adoptadas y favorece la generalización.

A medida que los resultados van siendo positivos y la persona va desarrollando conductas alternativas adecuadas, se pueden modificar y/o ampliar las estrategias utilizadas para fomentar la generalización de los aprendizajes a nuevos contextos y situaciones.

Los instrumentos y herramientas utilizados para realizar el seguimiento del proceso son:

– Entrevistas.

– Observación directa.

– Escalas de evaluación.

– Documentos y registros de los servicios (por ejemplo, registro de incidentes o registros médicos).

2.3. Prevención y protocolos de actuación en situaciones de crisis. Guías de buenas prácticas de actuación

Las actuaciones en situaciones de crisis deben estar planificadas y diseñadas. El objetivo básico de los protocolos de actuación en situaciones de crisis es interrumpir una situación o cadena de acontecimientos que pueden desencadenar en un riesgo o peligro para la persona con discapacidad y/o su entorno.

Estos protocolos solo deben activarse en situaciones de emergencia. En el caso de que las situaciones de crisis ocurran con una frecuencia muy alta, es necesario revisar y/o modificar el plan general de intervención.

En el diseño de protocolos de actuación en situaciones de crisis es necesario tener en cuenta los siguientes aspectos:

- Definir exactamente qué se entiende por situación de crisis.
- Identificar los signos de inicio de las crisis.
- Determinar y describir los procedimientos y pautas de actuación.
- Determinar qué personas intervendrán en las situaciones de crisis.
- Identificar los recursos necesarios para poner en marcha el protocolo.

Generalmente, los protocolos de actuación en situaciones de crisis se estructuran en cuatro fases:

- Fase desencadenante: procedimientos encaminados a evitar la crisis (eliminar la causa desencadenante, desviar su atención, intentar averiguar la función de la conducta y responder adecuadamente a su propósito, etcétera).
- Fase de intensificación: procedimientos encaminados a evitar la crisis o minimizarla (recordar las reglas y/o recompensas, intentar relajar la situación, modificar las demandas o la orientación, etcétera).
- Fase de explosión: procedimientos de emergencia que protejan de posibles daños tanto a la persona como al entorno (inmovilizaciones, intervenciones físicas, conseguir ayuda, despejar el entorno, etc.). Se deben elegir los procedimientos más seguros y menos intrusivos.
- Fase de recuperación: estrategias para calmar y tranquilizar a la persona y al entorno, evitando una nueva crisis (proporcionar espacio, reintroducir normalidad, orden y predictibilidad en la situación, etcétera).

En los casos en los que pueda ser necesaria la intervención física en las situaciones de crisis, esta deberá diseñarse y registrarse en un documento que recoja los elementos más importantes (Plan de Intervención Física).

PLAN DE INTERVENCIÓN FÍSICA

Nombre y apellidos

Conducta que requiere intervención física

Tipo de intervención física

Situación en la que se precisa intervención física

Personal necesario y papel de cada profesional en la intervención

Duración de la intervención física

Especificaciones sobre cómo y cuándo finalizar la intervención física

Especificaciones sobre cómo tratar a la persona después de la intervención física

Observaciones

Tras la aplicación de intervenciones físicas, se debe cumplimentar una hoja de registro en la que se detalle toda la información relativa a la intervención:

REGISTRO DE INTERVENCIÓN FÍSICA

Nombre y apellidos

Hora y fecha

hh:mm	dd/mm/aaaa

Lugar y actividad

Intervención física planificada

☐ Sí	☐ No

Personas implicadas y testigos

Descripción de la situación y conducta

Estrategias previas puestas en marcha

Tipo de intervención física realizada

Duración de la intervención física

Efectos y/o daños (entorno, persona, profesionales, otros)

Personas informadas de la intervención

Observaciones

Guías de buenas prácticas de actuación

Novell Alsina y colaboradores (2004) establecieron las siguientes buenas prácticas en personas con conductas desafiantes:

BUENAS PRÁCTICAS EN PERSONAS CON CONDUCTAS DESAFIANTES
– *Las personas que presentan alteraciones conductuales siguen teniendo los mismos derechos que cualquier otro miembro de la sociedad.*   – *No debemos perder el respeto hacia las personas con alteraciones conductuales. El respeto es un derecho humano básico.*   – *Las buenas prácticas incluyen ayudar a las personas para que aprendan mejores maneras de comportarse.*   – *Las buenas prácticas incluyen reducir las consecuencias perniciosas de las alteraciones conductuales.*   – *El personal no debe tener como objetivo castigar a las personas que presentan alteraciones conductuales.*   – *Los sistemas de control físico (sujeción mecánica) deben ser utilizados como último recurso para proteger a la propia persona o a los demás de daños.*   – *La restricción física no debe ser una estrategia rutinaria para controlar las conductas difíciles. Las buenas prácticas incluyen buscar formas alternativas para ello.*   – *Las buenas prácticas evitan los enfrentamientos personales con las personas que presentan alteraciones conductuales.*   – *Las buenas prácticas se aseguran de que haya un equilibrio entre las estrategias para reducir las conductas desafiantes y las oportunidades para aprender conductas más apropiadas.*   – *Las buenas prácticas tienen como objetivo promover el desarrollo personal y el bienestar emocional en personas con alteraciones conductuales.*

2.4. Deontología profesional

La deontología es un conjunto de valores y normas éticas que regulan el ejercicio de una actividad profesional. Los valores fundamentales que deben guiar la actuación profesional en el trabajo con personas con discapacidad que presenten conductas desafiantes son:

- Respeto a la dignidad y el valor de la persona.
- Respeto y defensa de los derechos de la persona.
- Reconocimiento de las capacidades de cada persona, fomentando el desarrollo de sus potencialidades y competencias.
- Respeto y aceptación de las diferencias individuales.
- Fomento de la inserción en la sociedad de las personas con discapacidad.
- Favorecer la igualdad de oportunidades.
- Defender y fomentar la calidad de vida de las personas con discapacidad, su autonomía personal y autodeterminación.
- Favorecer el derecho a decidir de las personas con discapacidad.
- Permitir la participación activa de la persona con discapacidad.
- Promover y defender los principios de igualdad, normalización e integración.
- Trabajar conjuntamente y de manera coordinada con las familias y las personas con discapacidad.
- Denunciar las actitudes de abuso o de negligencia profesional.

Aplicar la deontología profesional en la implementación de estrategias de intervención ante conductas desafiantes en personas con discapacidad implica seguir una serie de principios éticos y procedimientos que aseguren el respeto, la dignidad y el bienestar de las personas. Algunas consideraciones a tener en cuenta son:

1. Respeto a la dignidad y derechos humanos

   - Asegurar que todas las intervenciones respeten la dignidad de la persona y sus derechos humanos.
   - Evitar el uso de medidas coercitivas o punitivas.
   - Tratar a las personas con respeto y consideración, reconociendo su valor intrínseco.

2. Consentimiento informado

   - Informar claramente a la persona (o a sus representantes legales) sobre las intervenciones propuestas, sus beneficios y posibles riesgos.

- Obtener el consentimiento antes de implementar cualquier estrategia.
- Documentar el consentimiento de manera adecuada.

3. Prácticas basadas en la evidencia

- Utilizar estrategias de intervención que estén respaldadas por investigaciones científicas.
- Mantenerse actualizado con las últimas investigaciones y avances en el campo de la intervención conductual.
- Evaluar la eficacia de las intervenciones de manera continua y ajustar las estrategias según sea necesario.

4. Evaluación y supervisión continua

- Monitorear continuamente el progreso de la persona y los efectos de las intervenciones.
- Recoger datos y realizar evaluaciones objetivas para medir la eficacia de las estrategias.
- Realizar ajustes basados en la evaluación continua para asegurar que las intervenciones sean efectivas y no causen daño.

5. Formación y competencia profesional

- Buscar formación continua para desarrollar y mantener competencias profesionales en intervención conductual.
- Participar en talleres, cursos y seminarios relacionados con el manejo de conductas desafiantes y la ética profesional.

6. Colaboración interdisciplinar

- Trabajar en equipo con otros profesionales (psicólogos, terapeutas ocupacionales, trabajadores sociales, monitores…) para desarrollar estrategias integrales.
- Compartir información y perspectivas para abordar las conductas desafiantes de manera global.
- Coordinarse para asegurar que todas las necesidades de la persona sean atendidas de manera coherente y completa.

RESUMEN

- Las personas con discapacidad pueden presentar en determinados casos conductas desafiantes que suponen un obstáculo para la inserción socio-laboral de este colectivo.

- La conducta desafiante es «la conducta culturalmente anormal de tal intensidad, frecuencia o duración que es probable que la seguridad física de la persona o de los demás corra serio peligro, o que es probable que limite el uso de los recursos normales que ofrece la comunidad, o incluso se le niegue el acceso a esos recursos» (Emerson, 1995).

- La conducta desafiante está estrechamente vinculada a la interacción entre la persona y el contexto.

- Generalmente, las alteraciones conductuales son el resultado de la interacción entre condiciones biológicas, psicológicas y sociales de la persona.

- Existen múltiples clasificaciones de las conductas desafiantes. La clasificación más simple de las conductas desafiantes es la división de las mismas en dos grandes categorías, según se asocien o no a amenaza para sí mismo y para los demás (conductas disociales y conductas no disociales).

- El modelo de Whitaker divide la conducta problemática en cuatro fases: desencadenante, de intensificación, de explosión y de recuperación.

- Las estrategias generales de intervención ante conductas desafiantes pueden ser reactivas o proactivas.

- Las estrategias reactivas son aquellas intervenciones que se realizan en el momento en el que ocurre la conducta problemática, con el objetivo de evitar lesiones en las personas o daños en el entorno.

- Las estrategias proactivas son aquellas intervenciones que se realizan en ausencia de la conducta desafiante, con el objetivo de desarrollar las habilidades sociales y de comunicación de la persona con discapacidad, así como establecer un entorno comprensible y predecible para ella. Las estrategias proactivas pueden agruparse en: manipulación ecológica, programación positiva y estrategias de tratamiento directo.

- El apoyo conductual positivo es un modelo que pretende ayudar a las personas a vivir de una forma plena con la máxima independencia posible, aumentando su calidad de vida y actuando para que las conductas problemáticas sean menos eficaces y relevantes, así como para que las conductas alternativas sean más funcionales.

- El apoyo conductual positivo se asienta sobre la base de que la conducta problemática cumple una función para la persona y está relacionada con el contexto.

- Las fases generales del proceso de apoyo conductual positivo son: evaluación funcional, elaboración del plan de apoyo conductual, ejecución del plan, seguimiento del plan de apoyo.

- Las estrategias de intervención que componen los planes de apoyo conductual positivo son intervenciones basadas en los antecedentes, estrategias de enseñanza de habilidades alternativas, intervenciones sobre las consecuencias e intervenciones sobre el estilo de vida de la persona.

- Las actuaciones en situaciones de crisis deben estar planificadas y diseñadas. El objetivo básico de los protocolos de actuación en situaciones de crisis es interrumpir una situación que pueda desencadenar en un riesgo o peligro para la persona con discapacidad y/o su entorno.

ACTIVIDADES

2.1. Completa las siguientes frases:

A) Las conductas _____ son aquellas que implican una alta probabilidad de poner en peligro la integridad física de la persona que las realiza y/o de las personas de su alrededor.

B) Las conductas _____ están relacionadas con una restricción de las actividades y de la participación de la persona, interfiriendo en la integración de la persona sin constituir una amenaza o riesgo para ella o su entorno.

C) Las conductas disociales pueden ser _____ o _____.

2.2. Relaciona cada fase del proceso de apoyo conductual positivo con las actividades que se llevan a cabo:

1. Evaluación funcional.	a. Establecer los sistemas de registro para recoger la información.
2. Elaboración del plan de apoyo conductual.	b. Valorar las mejoras en la calidad de vida de la persona y su entorno.
3. Ejecución del plan de apoyo conductual.	c. Establecer hipótesis funcionales sobre la conducta desafiante.
4. Seguimiento del plan de apoyo.	d. Aplicación de estrategias de intervención generales y en situaciones de crisis.

2.3. Agrupa las siguientes estrategias de intervención ante conductas desafiantes en función de si son reactivas o proactivas:

- Ignorar la conducta.
- Manipulación ecológica.
- Desvío de la atención y redirección de la persona hacia otra actividad.
- Cambio de estímulos.
- Programación positiva.
- Estrategias de tratamiento directo.
- Intervención física.
- Retroalimentación.
- Escucha activa.

AUTOEVALUACIÓN

2.1. Señala la opción incorrecta en relación con las conductas desafiantes:

a) Está estrechamente vinculada al contexto.

b) No cumplen una función.

c) Para ser consideradas como un problema debe tenerse en cuenta la edad de la persona.

2.2. ¿Cómo se denominan las conductas anormales que implican una alta probabilidad de poner en peligro la integridad física de la persona que las realiza y/o de las personas de su alrededor?

a) Conductas disociales.

b) Conductas no disociales.

c) Conductas asociales.

2.3. Las estereotipias son unas conductas...

a) Conductas no disociales silentes.

b) Conductas no disociales perturbadoras.

c) Conductas disociales.

2.4. ¿Cuál es la primera fase de la conducta problemática según el modelo de Whitaker?

a) Fase de intensificación.

b) Fase de explosión.

c) Fase desencadenante.

2.5. Señala la opción incorrecta en relación al apoyo conductual positivo:

a) Se basa en la evaluación funcional.

b) Trata de enseñar habilidades alternativas y de adaptar el ambiente.

c) Es específica (incluye un solo tipo de intervención).

2.6. ¿En qué fase del plan de apoyo conductual positivo se planifican las intervenciones en situaciones de crisis?

a) Evaluación funcional.

b) Elaboración del plan de apoyo conductual.

c) Ejecución del plan de apoyo conductual.

2.7. ¿Qué caracteriza a las estrategias de intervención reactivas?

a) Se realizan en ausencia de la conducta desafiante.

b) Su objetivo es desarrollar las habilidades sociales y de comunicación de la persona con discapacidad.

c) Su objetivo es evitar lesiones en las personas o daños en el entorno.

2.8. ¿Cómo se denominan las estrategias de intervención que hacen uso de materiales o equipamientos que limiten el movimiento?

a) Estrategias proactivas.

b) Intervenciones físicas.

c) Intervenciones activas.

2.9. ¿Qué estrategias tienen como finalidad disminuir la aparición, frecuencia, duración e intensidad de las conductas desafiantes mediante la aplicación de programas de reforzamiento diferencial?

a) Manipulación ecológica.

b) Programación positiva.

c) Estrategias de tratamiento directo.

2.10. ¿Qué tipo de estrategia se utiliza en un plan de apoyo conductual positivo para proporcionar oportunidades que permitan a la persona realizar elecciones y ejercer control sobre el entorno?

a) Intervenciones basadas en los antecedentes.

b) Estrategias de enseñanza de habilidades alternativas.

c) Intervenciones sobre el estilo de vida de la persona.

CASO PRÁCTICO

Identificación y gestión de conductas desafiantes de personas con discapacidad en un entorno laboral

CONTEXTO

Carlos es un joven de treinta años con discapacidad intelectual que trabaja en una empresa de producción de alimentos. Recientemente, se han observado en Carlos conductas desafiantes como episodios de ira, negativa a seguir instrucciones y aislamiento del grupo de trabajo. Estas conductas están afectando su desempeño laboral y la dinámica del equipo.

Carlos trabaja en una línea de producción donde realiza tareas repetitivas. El entorno laboral es exigente y requiere concentración y cooperación con los compañeros. El equipo de trabajo y los supervisores están dispuestos a implementar estrategias que favorezcan el bienestar de Carlos y mejoren su integración y rendimiento laboral.

El supervisor de Carlos te informa, como preparador laboral, de esta situación. Tu objetivo será identificar las causas de estas conductas desafiantes y gestionarlas utilizando técnicas de intervención de apoyo conductual positivo (ACP).

ACTIVIDADES

1. Identifica las conductas desafiantes de Carlos:

a. Determina y describe las conductas específicas que están interfiriendo con su desempeño laboral.

b. Elabora una hoja de registro para anotar las conductas específicas, la frecuencia, duración y los contextos en los que ocurren.

2. Analiza las posibles causas:

   a. Examina los factores que pueden estar contribuyendo a las conductas desafiantes. Para ello, considera factores como el estrés laboral, la falta de comprensión de las tareas, problemas de comunicación y el entorno físico.

   b. Elabora un guion de entrevista para recoger información, tanto de Carlos, como de sus compañeros y supervisores, para identificar posibles desencadenantes de las conductas desafiantes.

3. Desarrolla un plan de intervención de apoyo conductual positivo:

    a. Haz una propuesta de estrategias y técnicas para gestionar y reducir las conductas desafiantes. Algunos ejemplos de intervenciones que puedes incluir son: la creación de un ambiente de trabajo más estructurado, la introducción de pausas regulares, el uso de ayudas visuales y la formación en habilidades sociales.

    b. Diseña estrategias basadas en principios de ACP, como la modificación del entorno laboral, el refuerzo positivo, la enseñanza de habilidades alternativas y el establecimiento de expectativas claras.

4. Evalúa la efectividad de las intervenciones:

    a. Diseña un plan de seguimiento y evaluación para medir los resultados de las estrategias implementadas. Para ello, puedes plantear el uso de herramientas de evaluación como cuestionarios y observaciones directa.

EJEMPLO DE CUESTIONARIO PARA EVALUAR CONDUCTAS DESAFIANTES

1. Información general

Nombre del empleado/a: _____

Puesto de trabajo: _____

Fecha de evaluación: _____

2. Descripción de conductas desafiantes

2.1. ¿Qué conductas desafiantes ha observado? (Marque todas las que apliquen).

☐ Ira/agresividad

☐ Negativa a seguir instrucciones

☐ Aislamiento social

☐ Comportamientos disruptivos

☐ Otros (especificar): _____

2.2. ¿Con qué frecuencia ocurren estas conductas?

☐ Varias veces al día

☐ Diariamente

☐ Semanalmente

☐ Rara vez

2.3. ¿En qué situaciones o contextos se presentan las conductas desafiantes?

☐ Durante tareas específicas (especificar): _____

☐ En interacciones con compañeros

☐ En interacciones con supervisores

☐ Otros (especificar): _____

3. Posibles causas y desencadenantes

3.1. ¿Qué factores parecen desencadenar las conductas desafiantes? (Marque todas las que apliquen).

☐ Estrés laboral

☐ Instrucciones poco claras

☐ Ambiente ruidoso o caótico

☐ Falta de comprensión de tareas

☐ Problemas de comunicación

☐ Otros (especificar): _____

3.2. ¿Existen eventos o cambios recientes que puedan haber influido en el comportamiento de la persona? (Especificar).

_____

_____

_____

4. Descripción de conductas desafiantes

4.1. ¿Qué estrategias se han intentado hasta ahora para gestionar estas conductas? ¿Han sido efectivas?

_____

_____

_____

4.2. ¿Qué recomendaciones propone para mejorar la situación? (Marque todas las que apliquen).

☐ Modificación del entorno laboral

☐ Refuerzo positivo

☐ Formación en habilidades sociales

☐ Pausas regulares

☐ Uso de ayudas visuales

☐ Otros (especificar): _____

5. Evaluación de resultados

5.1. ¿Cómo se medirá la efectividad de las intervenciones propuestas?

_____

_____

_____

5.2. ¿Con qué frecuencia se realizarán las evaluaciones de seguimiento?

☐ Diariamente

☐ Semanalmente

☐ Mensualmente

☐ Otros (especificar): _____

GLOSARIO

- **Ansiedad:** estado emocional caracterizado por sentimientos de tensión, preocupación y nerviosismo, a menudo acompañado de síntomas físicos como sudoración, palpitaciones y temblores.

- **Apoyo conductual positivo:** enfoque de intervención que utiliza estrategias proactivas y basadas en la evidencia para enseñar y reforzar comportamientos positivos, reduciendo al mismo tiempo las conductas desafiantes.

- **Autocontrol:** capacidad de una persona para regular sus emociones, pensamientos y comportamientos, especialmente en situaciones difíciles o estresantes.

- **Conducta desafiante:** comportamientos que son inusuales, peligrosos o disruptivos, y que pueden incluir agresión, autolesiones, conductas destructivas o resistencia extrema a las instrucciones.

- **Deontología profesional:** conjunto de principios éticos y normas que guían la conducta y práctica profesional, asegurando el respeto, la dignidad y el bienestar de las personas atendidas.

- **Estrés:** respuesta física y emocional a demandas o presiones percibidas como excesivas, que pueden afectar negativamente la salud y el bienestar.

- **Frustración:** sentimiento de irritación y decepción que surge cuando una persona encuentra obstáculos que le impiden alcanzar sus metas o satisfacer sus necesidades.

- **Tolerancia a la frustración:** capacidad para enfrentar y manejar situaciones frustrantes sin experimentar reacciones emocionales extremas o conductas desafiantes.

MAPA CONCEPTUAL

CONDUCTAS DESAFIANTES DE LAS PERSONAS CON DISCAPACIDAD EN ENTORNOS LABORALES

CONDUCTAS DESAFIANTES

- Comportamientos autolesivos o daño a sí mismo.
- Heteroagresividad o daño a otros.
- Destrucción de objetos.
- Conducta disruptiva.
- Hábitos atípicos y repetitivos (estereotipias).
- Conducta social ofensiva.
- Retraimiento o falta de atención y conductas no colaboradoras.

APOYO CONDUCTUAL POSITIVO

- Intervenciones basadas en los antecedentes.
- Estrategias de enseñanza de habilidades alternativas.
- Intervenciones sobre las consecuencias.
- Intervenciones sobre el estilo de vida de la persona.

DISEÑO DE PROTOCOLO DE ACTUACIÓN EN SITUACIONES DE CRISIS

- Definir qué se entiende por situación de crisis.
- Identificar los signos de inicio de las crisis.
- Describir los procedimientos y pautas de actuación.
- Determinar qué personas intervendrán en las situaciones de crisis.
- Identificar los recursos necesarios para poner en marcha el protocolo.

Bibliografía

- Basil, C. y Puig, R. (1988): *Comunicación aumentativa.* Madrid: INSERSO.

- Baumgart, D., Jonson, J. y Helmsteitter, E. (1996): *Sistemas alternativos de comunicación para personas con discapacidad.* Madrid: Alianza Editorial.

- Blanco, M. J. (coordinador) (2001): *Guía de actuaciones y protocolos de abordaje de los trastornos de conducta.* Murcia: Instituto de Servicios Sociales de la Región de Murcia.

- Canal Bedia, R., Martín Cilleros Mª.V. y colaboradores: *Apoyo Conductual Positivo.* Consejería de Sanidad y Bienestar Social. Junta de Castilla y León.

- Carr, E.; Levin, L.; McConnachie, G.; Carlson, J. I.; Kemp, D. C. y Smith, C. E. (1996). *Intervención comunicativa sobre los problemas de comportamiento.* Madrid: Alianza.

- Emerson, E. (1995). *Challenging Behaviour: Analysis and intervention in people with learning disabilities.* Cambridge University.

- Goñi, M, J.; Martínez, N. y Zardoya, A. (2007): *Apoyo Conductual Positivo. Algunas herramientas para afrontar las conductas difíciles.* Cuadernos de Buenas Prácticas FEAPS.

- Lavigna, G. W. (1991): *Dificultades conductuales y modificación de conducta no aversiva.* San Sebastián: Fundación Uliazpi.

- Mendizábal Aguirre, P.: *Protocolo de actuación ante conductas problemáticas graves y uso controlado de intervenciones físicas.* San Sebastián: Fundación Uliazpi.

- Novell Alsina R. y colaboradores (2004). *Salud mental y alteraciones de la conducta en las personas con discapacidad intelectual. Guía práctica para técnicos y cuidadores.* Madrid: FEAPS.

- Tamarit, J. (1990): *Los trastornos de la comunicación en deficiencia mental y otras alteraciones evolutivas: intervención mediante sistemas de comunicación total.* Madrid: INSERSO.

- Tamarit, J. (1995): «Conductas desafiantes y autismo: un análisis contextualizado». En VV. AA. *La atención a alumnos con necesidades educativas graves y permanentes.* Pamplona: Gobierno de Navarra, Dto. de Educación, Cultura, Deporte y Juventud.

- Torres, S. (2001): *Sistemas alternativos de comunicación. Manual de comunicación aumentativa y alternativa: sistemas y estrategias.* Málaga: Ediciones Aljibe.

- Verdugo, M. A. y Bermejo, B. (1998): *Retraso mental. Adaptación social y problemas de comportamiento.* Ediciones Pirámide.

- Von Tetzchner, S. y Martinsen, H. (1993): *Introducción a la enseñanza de signos y al uso de ayudas técnicas para la comunicación.* Madrid: Aprendizaje Visor.

- VV. AA. (Fundación Uliazpi): *Protocolo de actuación ante conductas desafiantes graves y uso de intervenciones físicas.* Cuadernos de Buenas Prácticas FEAPS.

- Whitaker, P. y colaboradores (2001): *Challenging Behavior and Autism: Making sense - making progress.* London: The National Autistic Society.

Recursos en línea

ARASAAC. Centro Aragonés para la Comunicación aumentativa y alternativa

https://arasaac.org/

Protocolo para la implementación de los sistemas aumentativos y alternativos de comunicación (SAAC) en el sistema educativo. Servicio Central de Publicaciones del Gobierno Vasco, Vitoria-Gasteiz, 2022

https://www.euskadi.eus/contenidos/informacion/inn_edu_inc_neapoyoeducativo/es_def/adjuntos/Protocolo_SAACS_c.pdf

Comunicación aumentativa y alternativa: Guía de referencia. Edita CEAPAT

https://alfasaac.com/wp-content/uploads/2021/01/comunicacinaumentativayalterna.pdf

Conductas que nos preocupan en personas con discapacidad intelectual y del desarrollo. Editores Pere Rueda Quitllet y Ramón Novell Alsina

https://www.infocop.es/pdf/conductas_que_nos_preocupan-v4.pdf

Apoyo conductual positivo: Herramienta de autoevaluación y plan de mejora. Plena Inclusión

https://www.plenainclusion.org/wp-content/uploads/2022/05/CONDUCTA-Herramienta-1.pdf

Belloch Ortí, C. *Tecnologías de ayuda: Sistemas alternativos de comunicación.* Unidad de Tecnología Educativa. Universidad de Valencia

http://www.uv.es/bellochc/pdf/pwlogo5.pdf

Forteza Bauzá, S.; Ferretjans Moranta, V.; Cebrian Tunbridge, S. A.; Font Jaume, T.; Vicent Primo, J. E., & Salva Obrador, M. R. (2015). «Reflexiones sobre el apoyo conductual positivo». *Siglo Cero,* 46(2), 57-77

https://doi.org/10.14201/scero20154625777